AF298420

CHAMBRE SYNDICALE DE LA MARINE

(NAVIGATION INTÉRIEURE)

OBSERVATIONS

PRÉSENTÉES

A LA COMMISSION INSTITUÉE

PRÈS

LE MINISTÈRE DES FINANCES

POUR

L'EXAMEN DES QUESTIONS RELATIVES A L'EXPLOITATION
ET A LA TARIFICATION DES VOIES NAVIGABLES

PARIS

IMPRIMERIE BALITOUT, QUESTROY ET Cº

7, RUE BAILLIF ET RUE DE VALOIS, 18

1867

OBSERVATIONS

PRÉSENTÉES

A LA COMMISSION CHARGÉE DE L'EXAMEN DES QUESTIONS RELATIVES A LA NAVIGATION INTÉRIEURE

La Commission chargée de l'examen des questions relatives à la navigation intérieure a bien voulu inviter les membres de la Chambre syndicale de la marine à lui présenter leurs observations, et dans la séance qu'elle a consacrée à les entendre, le 7 juin dernier, ils ont eu l'honneur de lui faire un exposé de la situation de l'industrie des transports par eau, et de lui dire quels moyens leur paraissent les plus propres à améliorer l'état très-critique de cette industrie, si digne de tout l'intérêt du Gouvernement pour les services qu'elle rend au pays, pour tous ceux qu'elle lui rendrait si les mesures que les membres de la Chambre syndicale ont cru devoir proposer pouvaient être adoptées.

Aucune solution n'étant encore intervenue, encouragés par l'extrême bienveillance que la Commission leur a témoignée, ils prennent la liberté d'insister de nouveau sur l'urgence de ces mesures et sur les considérations qu'ils lui ont soumises pour justifier leurs pressantes sollicitations.

Ils le font avec d'autant plus de confiance que la détresse

de la batellerie, alors que l'économie des transports n'a jamais été plus essentielle au commerce et à l'industrie, constitue un état de choses des plus préjudiciables aux intérêts publics.

———

La navigation intérieure est en pleine décadence. Loin de prendre sa part dans la progression considérable que le développement de la richesse publique, de la production, du commerce et des relations internationales ont imprimée aux transports depuis dix ans, son tonnage réduit aux marchandises les plus inférieures, comme valeur intrinsèque, s'est à peine maintenu sous le rapport des quantités.

Aux chemins de fer seuls ont profité toutes les causes qui ont contribué à l'énorme accroissement d'une circulation qui, sur l'ensemble des lignes composant le réseau des voies navigables et des voies ferrées de l'Empire, s'est élevée, dans la période de dix années qui s'est écoulée de 1855 à 1864, du chiffre de 3 milliards 755 millions de tonnes kilométriques à plus de 6 milliards 800 millions.

En effet, sur les 12,400 kilomètres de chemins de fer exploités dans cette année 1864, le trafic des marchandises a atteint 4 milliards 628 millions de tonnes transportées à 1 kilomètre, représentant un tonnage, réduit au parcours total, de 373,200 tonnes.

A côté de ces chiffres, d'où ressort une augmentation de près de 100 pour cent dans le mouvement général des marchandises transportées par les chemins de fer, en 1864, comparé au mouvement de 1855, et de 20 pour cent dans le tonnage réduit au parcours total, qui avait été, en 1855, de 314,000 tonnes, nous voyons la navigation se maintenir à grand'peine au chiffre kilométrique de 2 milliards 200 millions de tonnes, flottage compris (ou de 2 milliards environ non compris le flottage), représentant une circulation moyenne d'environ 186,000 tonnes à peine égale à celle de 1855.

On a si souvent dit et écrit que l'accroissement considérable qu'avaient éprouvé les transports sur les chemins de fer n'avait pas empêché la navigation de progresser et de prospérer ; on a si souvent opposé cette prétendue prospérité aux instances que la batellerie ne cesse d'adresser au Gouvernement pour obtenir des mesures qui améliorent sa triste situation, qu'il a paru indispensable d'insister ici sur des chiffres qui établissent les faits relatifs à l'exploitation de nos voies navigables sous leur véritable jour.

Les tableaux joints au présent travail, et qui ont été dressés avec le plus grand soin sur les documents émanant, tant de l'Administration des Contributions indirectes, que des rapports des ingénieurs des ponts-et-chaussées aux Conseils généraux, permettent de constater, que si le décret de 1860 a eu pour résultat immédiat une reprise du mouvement des transports — qui, après être tombé à 1473 millions de tonnes kilométriques, en 1859, s'était relevé au chiffre de 1770 millions de tonnes, en 1863, — il y a eu, en 1864, diminution comparativement à l'année précédente. En effet, le chiffre de 1864 a été seulement de 1736 millions, non compris le tonnage des canaux d'Aire à la Bassée, de la Sensée, de Briare, du Loing, d'Orléans, et de Roanne à Digoin, — d'un développement total de 307 kilomètres, — que nous avons dû retrancher des relevés du tonnage de 1863 et de 1864, pour que la comparaison avec les années précédentes puisse être exacte, — ces derniers canaux, tout récemment rachetés par l'État, n'ayant commencé à figurer dans ses relevés que dans le cours de 1863.

1,736,000,000 tonnes, tel est donc en résumé le chiffre auquel s'est élevé, en 1864, c'est-à-dire dans la dernière année pour laquelle l'Administration des Contributions ait établi ses relevés officiels, le tonnage kilométrique sur l'ensemble des cours d'eau possédés par l'État, non compris les canaux rachetés en vertu du décret de 1860.

Maintenant que l'on compare ce tonnage avec celui de 1855, qui s'était élevé, sur les mêmes cours d'eau, à 1,732,380,000 t., et l'on verra que, dans cette période de dix ans, l'augmentation a été absolument insignifiante, sur l'ensemble de leur trafic.

Et nous ferons remarquer ici, en passant, que, pour les dix années qui se sont écoulées de 1856 à 1865, la différence entre ces deux années extrêmes de la période est plutôt au désavantage de cette dernière. En effet, le tonnage général kilométrique, pour les cours d'eau alors administrés par l'État avait dépassé 1,740 millions de tonnes en 1856, et, bien que les relevés de la direction des Contributions indirectes ne soient pas encore publiés, cependant nous savons d'une manière positive que les chiffres de 1865 sont restés quelque peu inférieurs à ceux de 1864.

Il est bien vrai que sur les 307 kilomètres de canaux rachetés par l'État, en vertu du décret de 1860, le tonnage, qui s'est élevé, en 1864, à 81,177,000 tonnes, a dépassé notablement celui des années antérieures. En 1855 toutefois, avant la diminution considérable que la fréquentation a subie de 1857 à 1860, notamment sur les canaux de Briare, du Loing, d'Orléans et de Roanne à Digoin, ce tonnage pouvait s'évaluer à environ 48 millions de tonnes.

L'augmentation, sur ces 307 kilomètres, a donc été d'environ 33 millions de tonnes kilométriques en 1864, comparativement à 1855.

Si on laisse de côté les canaux de l'Aisne à la Marne et de la Marne au Rhin, pour lesquels les éléments de comparaison font défaut, attendu que le premier n'existait en 1855 que dans la partie comprise entre l'Aisne et Reims, que le second n'était pas encore alors en état de navigabilité, qu'aucuns droits n'étant perçus sur ces deux voies, leur tonnage ne figure pas dans les relevés des contributions indirectes, et que les renseignements nous manquent pour en apprécier l'importance kilométrique, les chiffres suivants résument, croyonsnous, aussi exactement que possible, le tonnage kilométrique sur l'ensemble des cours d'eau appartenant aujourd'hui à l'État, pour les deux années extrêmes de la dernière période décennale que les documents, jusqu'à présent publiés par l'Administration des Contributions indirectes, nous a seulement permis de comparer :

	Tonnage en	
	1855	1864
Cours d'eau administrés et imposés par l'État antérieurement à 1860 d'après le tableau B.	1,732,379,000	1,736,296,000
Tonnage des cours d'eau rachetés en vertu du décret de 1860	48,000,000	81,177,000
Total.	1,780,379,000	1,817,473,00

Ainsi, sur les cours d'eau appartenant à l'État, en 1855 et sur ceux rentrés depuis en sa possession, la progression aurait été, dans ces dix années, seulement d'environ 37 millions de tonnes kilométriques, chiffre qui est loin de compenser la réduction considérable qui s'est produite sur les canaux qui sont encore la propriété de compagnies concessionnaires.

Sur la Sambre canalisée, le canal de jonction de la Sambre à l'Oise, et la Scarpe inférieure, cette réduction est d'au moins 27 millions de tonnes kilométriques; sur les canaux du Midi et latéral à la Garonne, elle est de 33 millions; sur le canal de Beaucaire on peut, croyons-nous, l'évaluer à plus de 6 millions. De telle sorte, qu'en définitive, de 1855 à 1864, ce n'est pas 37 millions en plus que présenterait le mouvement général des transports sur l'ensemble du réseau des voies navigables, aujourd'hui imposé, soit au profit du Trésor public, soit par des concessionnaires, mais bien une trentaine de millions en moins.

Telle est la situation vraie de la navigation, quant au tonnage, et on nous pardonnera les détails dans lesquels nous avons cru devoir entrer pour la bien établir.

Mais cette différence en moins est bien loin d'ailleurs de donner la mesure exacte de la décadence de la batellerie et de la crise désolante qu'elle subit depuis longtemps déjà. Que le tonnage reste stationnaire, à quelque différence près, en plus ou en moins, cela importerait peu, si cet état de choses n'avait pas un côté bien autrement grave dans les réductions que la concurrence des chemins de fer a forcé les entrepreneurs de transports et les mariniers de faire subir à leur fret qui, déjà à peine rémunératoire il y a dix ans, est encore tombé depuis de 20, 25, 33 et, sur certaines lignes, de 40 pour cent. Il faut connaître l'énormité des concessions que la batellerie a dû faire sur ses prix pour retenir le tonnage dont nous venons de constater l'importance actuelle; il faut

prendre garde en outre que les marchandises qui ont aban-
donné la voie navigable pour aller aux chemins de fer se composent de toutes celles, à très-peu d'exceptions près, qui
pouvaient, en raison de leur valeur intrinsèque, supporter un
fret relativement élevé, pour bien se rendre compte de tout
ce que l'industrie des transports par eau a perdu dans ces dernières années.

Les chemins de fer, sans doute, ont subi la même loi quant
à leurs prix, et la moyenne de leurs taxes, qui était déjà des-
cendue du taux de 10 centimes, en 1844, à celui de 7 centimes 1/2 en 1854, n'a plus été que de 6 1/4 en 1864 ; mais
les compagnies ont trouvé dans le développement de leurs
transports de larges compensations à des abaissements de tarifs auxquels ils ont dû en grande partie d'avoir plus que dou-
blé leur trafic dans ces dix dernières années. Les avantages
qu'elles ont trouvés à réduire ainsi leurs prix sont faciles à
calculer : 2 milliards de tonnes kilométriques, au tarif moyen
de 7 c. 1/2, donnent un produit brut de 150 millions de
francs ; 4 milliards 628 millions de tonnes à 6 c. 1/2 donnent
plus de 289 millions de recette ; et les frais d'exploitation sont
certainement loin d'augmenter dans les mêmes proportions.

C'est qu'en effet la loi de toute industrie qui abaisse les
prix de ses produits est de produire davantage à peine de
succomber, et c'est parce que la batellerie, tout en abaissant
incessamment son fret, n'a rien gagné sous le rapport des
quantités, qu'elle est aujourd'hui dans l'état de décadence
sur lequel nous ne saurions trop appeler l'attention et la sollicitude du Gouvernement.

Cet état peut-il être contesté ? On a essayé d'en atténuer
la gravité, et on a cherché à établir, que, par la seule rai-

son qu'il se faisait toujours des transports sur les voies navigables et que leur tonnage n'avait pas subi de diminution, la batellerie n'était ni aussi misérable ni aussi menacée qu'elle le prétendait.

Ce que sont devenues les entreprises de transports qui exploitaient nos principales lignes de navigation, et qu'elle est l'importance actuelle du tonnage sur ces lignes.

Mais il suffit de savoir quel a été le sort des différentes entreprises qui exploitaient nos principales lignes de navigation, pour constater qu'il n'y a rien d'exagéré dans le tableau qui a été tant de fois présenté de la situation malheureuse de l'industrie des transports par eau.

On n'ignore pas ce qu'est devenue cette batellerie du Rhône et de la Saône, la plus considérable et la plus puissante qui ait jamais exploité nos voies fluviales. Des quatre-vingts bateaux à vapeur qui transportaient des voyageurs et des marchandises de Marseille à Lyon et de Lyon à Châlons, il y a vingt-cinq ans, la plus grande partie a été vendue à vil prix; il n'en reste guère qu'une dizaine, exploités par les anciennes entreprises fusionnées, et composant un matériel mal entretenu et se détériorant chaque jour, qu'occupe à peine le trafic insuffisant, — même pour ce matériel ainsi réduit, — que le chemin de fer a laissé à la navigation, après lui avoir enlevé d'abord le nombre relativement considérable de voyageurs qu'elle transportait.

On se rendra facilement compte d'ailleurs de ce que celle-ci a perdu par la comparaison des chiffres suivants que nous extrayons des relevés de l'Administration des Douanes et des Contributions indirectes.

	Tonnage kilométrique.	
	1855	1864
Rhône.	173,923,000	88,083,000
Saône	132,629,000	89,247,000
	306,552,000 t.	177,330,000

Ainsi, dans ces dix années, le Rhône a perdu près de moitié de son tonnage, et la Saône plus de 25 pour 100, et les prix de transport ont subi une baisse considérable ; et tel est le découragement causé par cet état de choses que les concessionnaires d'un touage qui devait s'établir sur la Saône n'ont jamais pu trouver les fonds nécessaires pour installer leur chaîne, malgré les avantages incontestables qu'ils auraient présentés à la batellerie, au point de vue de l'économie de la traction.

A ces renseignements qui concernent le Rhône et la Saône, si nous ajoutons que sur le canal du Rhône au Rhin le trafic est descendu de 92 millions de tonnes kilométriques, chiffre de 1855, d'après les relevés des Contributions indirectes et des Douanes, à moins de 63 millions, flottage compris, — en 1864, — (1) nous aurons donné l'idée la plus exacte de la décadence de la navigation sur ces trois grandes voies qui relient la Méditerranée au Rhin, et des difficultés avec lesquelles la batellerie se trouve aux prises par suite de la lutte engagée, sur l'ensemble de la ligne, entre elle et le chemin de fer.

Sur la Loire, des anciennes entreprises de transport et compagnies de bateaux à vapeur qui existaient entre Orléans et Nantes, pas une n'a pu résister à la concurrence de la Compagnie d'Orléans, et on ne compte plus sur le fleuve que trois ou quatre remorqueurs au moyen desquels la Compagnie de Blanzy opère la traction à la remonte des bateaux qu'elle expédie sur Angers. Au surplus, là, comme sur le Rhône et la Saône, la décroissance qu'a subie le tonnage, tombé

(1) En 1856, le tonnage avait dépassé 103 millions sur ce canal.

du chiffre de 100 millions de tonnes, en 1855, à celui de 53 millions en 1864, peut donner la mesure de tout ce que l'industrie des transports a perdu comme importance.

Si maintenant nous examinons ce qui se passe sur des lignes moins maltraitées sous le rapport du tonnage, et où la circulation s'est soutenue et a même progressé, comme sur la Basse-Seine et sur la ligne de Paris à Valenciennes et à Mons, nous aurons encore à constater que la batellerie qui exploite ces lignes y est restée dans un état de crise et de malaise qui n'a fait que s'aggraver dans ces dernières années.

Sur la Basse-Seine, par exemple, entre Paris, Rouen et le Havre, nous avons vu successivement liquider et disparaître les services Lenormand et Baudu, ceux des bateaux-porteurs Pieau et C⁶, des Aigles, les entreprises Vaghi et C⁶, Galland et C⁶, et Lenormand fils, ces trois dernières successivement tombées en faillite. De telle sorte qu'il ne reste plus aujourd'hui que la Compagnie les Express, le service Larget et la Compagnie du Touage qui fassent des transports réguliers entre le Havre et Paris.

Par les renseignements extraits de ses livres, que M. Godeaux, directeur de la Compagnie du touage de Conflans à la mer, a fournis à la commission des canaux, en les appuyant des éclaircissements et des explications les plus circonstanciés, elle a pu se rendre compte de la situation de ces services, de l'énormité des frais qui vont jusqu'à absorber et au-delà leurs bénéfices.

Cependant la navigation de la Seine semblait avoir moins gravement souffert de la concurrence du chemin de fer que celle du Rhône, de la Saône et de la Loire, puisqu'il résulte du relevé des Contributions indirectes que le tonnage kilométrique, entre Paris et Rouen, aurait progressé sur les 241 kilomètres formant l'ensemble du parcours.

Mais la vérité est, qu'abstraction faite des transports entre Paris et le Nord, auxquels seulement est dû l'accroissement du trafic qui s'est manifesté sur la partie de la Seine comprise en Conflans et Paris, le tonnage spécial de la batellerie entre le Havre, Rouen et Paris, a sensiblement diminué, puisqu'au lieu du chiffre de 93 millions, accusé par les relevés de l'Administration des Douanes et des Contributions indirectes, pour 1855, nous ne trouvons plus que celui de 65 millions dans les relevés de 1864. Et il faut remarquer, en outre, que ce sont les transports à la remonte qui sont le plus atteints, puisque de 37 millions de tonnes kilométriques ils sont tombés, dans ces dix années, à 19 millions, et que pour ces transports le fret étant beaucoup plus élevé que celui payé à la descente, la perte, pour la batellerie, est bien plus considérable qu'on ne pourrait le penser, si on ne faisait attention qu'aux chiffres généraux du tonnage et aux différences qui résultent de leur comparaison dans leur ensemble.

Sans doute, les travaux qui ont été exécutés notamment à Martot et à Bezons, et la construction de l'écluse de Suresnes, en mettant un terme aux interruptions ruineuses que la navigation subissait dans la saison d'été pendant des mois entiers, ces travaux, disons-nous, amélioreront la situation dans une certaine mesure, et on peut prévoir que la batellerie se trouvera dans des conditions moins défavorables pour lutter contre le chemin de fer, lorsque le perfectionnement de la Seine, entre Andresy et Rouen, sera complété par la réalisation des importants projets auxquels, aux termes d'un récent décret, 6,500,000 fr. devront être affectés.

Mais, avant que cette somme soit dépensée, et que les amé-

liorations auxquelles elle sera employée, permettent à la
batellerie d'effectuer ses transports avec plus de régularité et
d'économie, le chemin de fer, de son côté, apportera dans
son exploitation des perfectionnements qui se traduiront vraisemblablement par de nouveaux abaissements de tarifs, car,
si bas que soient ceux aujourd'hui en vigueur, il est difficile
de croire qu'ils ne pourront pas encore subir des réductions,
et que leur moyenne ne pourra pas être quelque peu inférieure à celle actuelle.

En présence de cette éventualité, les entreprises de navigation de la Seine peuvent-elles compter que les travaux que
le Gouvernement se propose de faire exécuter sur ce fleuve,
dans un temps plus ou moins long, suffiront pour rendre leur
situation meilleure, et n'y a-t-il pas dès à présent d'autres
mesures à prendre? C'est une question à laquelle nous répon-
drons en invoquant les faits constatés ailleurs.

Qu'on voie, par exemple, ce qui se passe dans le Nord, sur
une ligne qui est certainement dans un état de navigabilité
supérieur à celui de nos autres cours d'eau, — quelles que
soient encore les diverses améliorations qu'on puisse sou-
haiter pour son complet perfectionnement, — nous voulons
parler de celle qui s'étend sur une longueur de 302 kilomètres, de Mons, c'est-à-dire de la frontière belge jusqu'à
la Seine.

Les différents cours d'eau qui composent cette ligne sont
aussi ceux sur lesquels le mouvement des transports s'est développé dans les proportions les plus considérables, puisqu'il
y a atteint, en 1864, un chiffre de près de 445 millions de
tonnes kilométriques, présentant une augmentation de plus
de 25 pour 100 sur le tonnage de 1855, et cela, à côté d'un
chemin de fer dont le trafic ne le cède en importance et en

activité à aucune des voies ferrées les plus fréquentées de l'Empire. Mais ce chemin de fer est en outre celui qui est arrivé à appliquer les plus bas tarifs, notamment aux transports des combustibles minéraux, et qui fait à la batellerie la concurrence la plus vive. Il n'y a sans doute pas à s'en plaindre, puisque les intérêts publics y trouvent leur compte. Mais il n'en est pas moins vrai qu'aucune des entreprises de transport à vapeur qui ont voulu faire des transports entre Paris et la frontière belge n'ont pu tenir devant cette concurrence, et que les cinq ou six compagnies qui s'étaient formées ont dû successivement liquider dans les conditions les plus malheureux.

On peut conclure de là qu'il reste encore beaucoup à faire, même sur les voies qui forment le réseau du Nord, pour aider la navigation à surmonter les difficultés avec lesquelles elle se trouve aux prises, et dont les mariniers, qui exploitent ces voies, ne laissent pas de se ressentir, comme nous aurons occasion de le dire plus loin.

Quant à l'ensemble des faits constatés sur nos principales lignes de navigation quelle conclusion y a-t-il lieu d'en tirer ?

Conclusion à tirer des faits constatés, en ce qui concerne les grandes entreprises de transport.

C'est d'abord que les rares entreprises de transport qui ont jusqu'à présent survécu, ne pourront se maintenir qu'à la condition que l'État leur viendra promptement en aide par des mesures qui leur permettront d'attendre l'effet d'améliorations qui ne s'effectueront que lentement et successivement. C'est qu'avec la concurrence des chemins de fer, au point où elle en est arrivée, il y a réellement peu à espérer que des services organisés puissent se former. C'est que le capital employé à créer un matériel qui reste souvent inoccupé, les dépenses d'organisation, d'entretien, d'agences, d'employés, de bureaux, constituent une somme de frais généraux que les produits ne peuvent suffire à couvrir. C'est qu'enfin les mariniers isolés possédant un ou deux bateaux qu'ils conduisent eux-mêmes, qui leur servent d'habitation, la plupart du temps, à eux et à leurs familles, qui peuvent attendre au port que les marchandises arrivent, sans être écrasés par tous les frais que nous venons d'énumérer, et régler leur marche et leurs dépenses de route, en raison du fret qu'ils reçoivent, sont réellement les seuls destinés à survivre au milieu des ruines accumulées dans ces dernières années sur les voies navigables.

C'est donc à ces mariniers qu'il faut surtout songer, car c'est sur eux que repose presque entièrement l'avenir d'une industrie sans laquelle il n'y aurait de transports à bon marché, ni dans le sens absolu, sur les voies navigables elles-mêmes, ni dans des conditions relatives sur les chemins de fer, qui n'abaissent presque jamais leurs tarifs que lorsqu'ils y sont forcés par une concurrence sérieuse et active ; ce sont eux qui paraissent bien décidément appelés à combler les vides que les Compagnies de transport laissent au fur et à mesure qu'elles disparaissent devant la concurrence des chemins de fer. En présence, en effet, de l'inévitable et incessante extension de nos voies ferrées, des améliorations de toute nature réalisées dans leur exploitation, des abaissements de tarifs dont chaque année les comptes-rendus officiels accusent un chiffre moyen sensiblement inférieur à celui de l'année précédente, de ceux que réclament encore les intérêts publics, quels capitaux seraient tentés de s'exposer aux désastres subis par les anciennes entreprises de transport par eau, du moins avant que la navigation intérieure, améliorée et débarrassée des entraves qui restreignent sa fréquentation et son utilité, ait prouvé sa vitalité et ses ressources ?

Ceci étant admis, et la nécessité d'une concurrence aux chemins de fer ne pouvant être contestée, il reste à examiner quels sont les moyens les plus propres à assurer, dans l'intérêt public, la vie et le fonctionnement de l'industrie des transports par eau dans les conditions où, selon nous, elle peut seulement se maintenir, et rendre au pays tous les services qu'il a besoin d'en tirer.

L'obstacle le plus considérable au développement des transports par eau, ou, pour mieux dire, une des causes les plus graves de leur infériorité et de leur décadence, gît dans l'état défectueux de la plupart de nos cours d'eau, dans l'insuffisance de leur tirant d'eau, et dans les différences qu'ils présentent, dans leur mauvaise alimentation, dans la longueur des chômages, dans la multiplicité des obstacles qui occasionnent, soit des interruptions, soit des transbordements ou des allégements, soit des avaries; dans les risques de toute nature, et dans les frais auxquels les mariniers sont sans cesse exposés pour parcourir des distances tant soit peu considérables.

Le perfectionnement de nos cours d'eau est la première des conditions pour améliorer la situation de la navigation, et la plus importante des satisfactions à donner aux intérêts publics.

Et tels sont les inconvénients de cet état de choses qu'un député qui jouit d'une juste autorité dans ces sortes de questions, M. Édouard Dalloz, a pu dire qu'il en était presque arrivé à regretter d'avoir vu le réseau des chemins de fer se développer avec une si grande rapidité dans un moment où celui de notre navigation était encore si imparfait, et déclarer que si ce merveilleux réseau des voies ferrées avait pu être différé un peu jusqu'à ce que nos canaux fussent améliorés, il serait arrivé avec une opportunité bien autrement grande pour la richesse publique et pour le développemeut de nos produits territoriaux (1).

Tout le monde est donc d'accord sur ce point qu'une des premières conditions pour relever l'industrie des transports par eau, c'est d'améliorer le réseau de nos voies navigables, de régulariser le régime de nos rivières, d'approfondir nos canaux, d'assurer leur alimentation et de donner à leurs écluses des dimensions qui se rapprochent le plus possible d'un type uniforme pouvant contenir des bateaux du plus fort tonnage.

Dans la séance du Corps législatif du 23 juin dernier, M. Chagot a exposé de la manière la plus complète, au point de vue de la navigation du Centre, à quels besoins il est urgent de pourvoir pour donner satisfaction aux intérêts qui réclament l'amélioration des canaux et rivières composant le réseau de cette navigation, et quelles sont les dépenses à faire sur chacune de ces voies. Ces dépenses, d'après ses évaluations, s'élèveraient à 22 millions pour les canaux de Briare et du Loing, d'Orléans, du Nivernais, du Berry, du Centre, du Rhône au Rhin, de Bourgogne et de Roanne à Digoin, à 33 millions 900,000 fr. pour la Saône, le Rhône et le canal Saint-Louis, l'Yonne, la Seine, la Sarthe et la Mayenne.

A l'exception de la Seine, pour laquelle le chiffre de 4 millions 500,000 francs est trop peu élevé, les appréciations de M. Chagot nous paraissent aussi justes que possible en ce qui concerne les voies énumérées dans son discours ; et nous n'avons rien à y ajouter. Nous ferons seulement remarquer qu'outre les voies navigables dont M. Chagot s'est occupé, il y a encore la question de la Loire, c'est-à-dire du

(1) Séance du Corps-Législatif du 24 juin 1866.

canal latéral d'Orléans à Angers, dont quinze ou seize départements ne cessent de réclamer l'exécution, et qui est, en effet, le seul moyen d'avoir raison des obstacles qui paralysent une des lignes de navigation les plus importantes de l'Empire.

Il y a aussi à pourvoir aux dépenses d'amélioration que réclame le réseau du Nord, notamment les canaux de la Sensée d'Aire à la Bassée, de la Deule, de Roubaix, de la Scarpe, etc., dépenses qu'on peut évaluer, croyons-nous, à un chiffre qui ne dépasse pas 6 ou 7 millions.

Quant aux améliorations qu'il peut y avoir lieu d'exécuter sur les autres cours d'eau situés dans les différentes parties du territoire de l'Empire, nous ne pouvons que nous en référer au programme des grands travaux pour lesquels l'État réclamait, en 1865, les 95 millions compris au projet de loi que nous avons eu le regret de voir retirer. Nous insisterons d'autant moins sur la nécesité de ces travaux, que l'État en est autant pénétré que qui que ce soit, et que déjà il l'a prouvé par les deux décrets récents relatifs, l'un (du 18 août 1866) à l'alimentation de la partie inférieure du canal du Centre et à l'établissement d'une nouvelle branche de jonction entre ce canal et la Loire; l'autre (du 18 septembre dernier) à l'exécution des projets de perfectionnement de la Seine, entre Andresy et Rouen, dont nous avons déjà parlé.

Mais, outre que ces améliorations, telles qu'elles sont mentionnées au projet relatif à l'exécution de grands travaux d'utilité publique, présenté et retiré l'année dernière, sont encore loin de répondre à tous les besoins de notre navigation intérieure, les bonnes intentions actuelles du Gouvernement à son sujet ne sont pas une garantie suffisante d'une exécution aussi prompte que l'exigerait la nécessité de venir au secours de la batellerie en lui donnant enfin des voies qui, se rapprochent, par leur état et leur régime, de la perfection des voies ferrées.

Non-seulement les 95 millions qu'il entrait dans les vues de l'Administration d'affecter au perfectionnement de nos cours d'eau, et qu'elle réclamait, à cet effet, du Corps législatif, n'ont pas été votés ; mais, l'eussent-ils été, que ce vote n'aurait pas suffi pour assurer des allocations de crédits annuels assez importante pour mener à fin en peu d'années les travaux qui devaient en être l'objet.

L'expérience ne permet pas de se faire d'illusion à ce sujet ; et nous ne pouvons oublier qu'il a fallu plus de quinze années pour dépenser les 40 ou 50 millions affectés à l'amélioration des différents cours d'eau compris dans la loi du 31 mai 1846.

Outre le temps normal qu'exigeraient des travaux conduits avec plus d'activité et de vigueur qu'on n'en a apporté jusqu'à présent aux perfectionnements entrepris sur nos différents cours d'eau, que de circonstances et d'événements peuvent retarder l'allocation des crédits une fois votés, et même les travaux commencés !

Et puis, combien d'améliorations aussi, et des plus importantes, tous les projets élaborés jusqu'à ce jour ne laissent-ils pas de côté ? Qu'on dépense 40 ou 50 millions sur les canaux du Centre, sur le Rhône, la Saône, la Sarthe et la Mayenne, la Loire n'en restera pas moins dans l'état de navigabilité défectueuse, barbare, auquel elle est condamnée, et qu'aggrave encore le retour de ces fléaux périodiques qui bouleversent son régime ; et cet état paralysera ou amoindrira dans leur effet utile plus de 2,000 kilomètres reliés par cette grande artère fluviale !

Qu'on dépense 95 et même 100 millions dans un nombre d'années plus ou moins grand, sur l'ensemble de nos canaux et de nos voies fluviales, et les 500 kilomètres, qui forment la grande et belle ligne de navigation qui joint l'Océan à la Méditerranée, n'en resteront pas moins frappés de stérilité entre les mains de la Compagnie du chemin de fer qui en est concessionnaire et fermière, et qui y a tué la libre industrie des transports, ainsi que sur la Garonne et le canal de Beaucaire !

Et, dans le Nord, les Compagnies concessionnaires de la Sambre et du canal de jonction de la Sambre à l'Oise n'en continueront pas moins, faute des 40 millions qu'elles réclament pour leur rachat, à percevoir sur ces voies des tarifs qui contribuent plus que toute autre cause à la décroissance de leur tonnage. De même sur la Scarpe inférieure, jusqu'à présent aussi laissée en dehors des projets d'affranchissement, et dont la fréquentation va chaque jour s'affaiblissant.

Sans parler de la quantité d'obstacles, comme les sécheresses, les glaces, les inondations, qui subsisteront, quelles que soient les bonnes intentions du Gouvernement en faveur de la navigation, et qui la maintiendront à l'égard des chemins de fer, et quant à l'exploitation même des voies navigables dans un état d'infériorité qu'on pourra modifier, mais qu'on ne fera pas disparaître... que de temps encore s'écoulera avant que, en dehors de ces causes naturelles, il soit remédié à toutes celles dont on pourrait triompher, s'il était entièrement admis que les voies d'eau doivent être mises dans des conditions qui ne le cèdent en rien à celles des chemins de fer ; qu'elles doivent être relativement aussi

complètes et aussi parfaites, de manière que les mêmes
bateaux puissent, avec les mêmes chargements, naviguer
sur tous les cours d'eau composant nos différentes lignes
navigables d'un bout à l'autre, sans transbordement et sans
allégement !

Il s'en faut sans doute que nous en soyons arrivés là et
qu'il soit question d'un système général de transformation
de nos voies navigables ayant pour but de les mettre dans un
état aussi parfait. Pourtant, quelqu'incomplets que soient les
travaux de perfectionnement que le Gouvernement se montre
disposé à exécuter sur l'ensemble de nos cours d'eaux, quelqu'insuffisantes que soient les sommes qu'il proposerait d'y
affecter, si ces travaux devaient être exécutés dans un court
délai, il en pourrait résulter pour l'industrie des transports par
eau un changement des conditions actuelles dans lesquelles
elle agit, qui peut-être arrêterait sa décadence et sa ruine, et
lui permettrait de reprendre le dessus.

Mais, ainsi que nous l'avons dit plus haut, en supposant
les crédits nécessaires votés en principe, ce qui n'est pas, ils
ne seraient certainement dépensés que dans un temps trop
éloigné pour que la navigation, si profondément atteinte par
la concurrence des chemins de fer, puisse attendre l'effet de
ces tardives et lentes améliorations.

Des travaux ! sans doute il en faut et on en fera, les intérêts publics l'exigent impérieusement, parce qu'il ne peut y
avoir de transports à bas prix qu'avec un réseau de voies
navigables complet et en bon état, et que, les transports à
bas prix sont la plus importante des satisfactions que réclament nos industries, notre commerce et notre agriculture,
pour se défendre avec succès contre la concurrence étran-

gère, qui devient chaque jour plus vive et plus pressante, et qui, on doit le prévoir, aura pris, dans un certain nombre d'années, de telles proportions qu'il nous faudra pour la soutenir, et à peine de succomber, des moyens meilleurs, des instruments de transport surtout plus complets et plus parfaits que ceux dont nous disposons actuellement.

Mais aujourd'hui il s'agit de pourvoir à une situation trop grave et trop urgente pour qu'on puisse ajourner les mesures qu'elle réclame, et compter sur l'efficacité de moyens qui ne peuvent être immédiats. La navigation va chaque année s'amoindrissant, les entreprises de batellerie disparaissent les unes après les autres, et il n'y a pas d'industrie plus malheureuse et plus menacée que celle exercée par les mariniers, dans la condition que lui font, d'une part, la concurrence des chemins de fer, d'une autre part, l'imperfection de nos voies navigables, leur régime si inégal et si défectueux, et les droits auxquels elles sont restées assujetties au profit de l'Etat, et qui constituent une charge que les mariniers ne sont plus en état de supporter.

Aussi le Syndicat de la marine persiste-t-il plus que jamais dans l'opinion qu'il a eu l'honneur de soumettre à la Commission des canaux au sujet de la suppression des droits de navigation.

Nécessité de la suppression des droits de navigation ; avantages que présenterait cette mesure.

Pour lui, cette mesure est le seul moyen, dans l'état actuel des choses, de sauver l'industrie des transports par eau de la crise dans laquelle elle se débat depuis plusieurs années en perdant toujours du terrain, et qui aura le temps de réduire les mariniers à une extrême et irrémédiable misère pour peu que le Gouvernement tarde à leur venir en aide.

Nous savons bien que ce moyen semble trop radical, et que l'Administration ne paraît pas disposée à renoncer aux 4 ou 5 millions de recettes que le Trésor tire de la perception des droits de navigation.

Pourtant, nous ne craignons pas de l'affirmer de nouveau, là est en grande partie le salut de notre industrie, et nous ajouterons que la mesure que nous réclamons, outre qu'elle a pour elle qu'elle peut être immédiate et apporter, du jour au lendemain, un soulagement considérable aux souffrances de la batellerie, serait essentiellement équitable, conforme aux intérêts publics, favorable à l'industrie, à l'agriculture et au commerce sur lesquels pèse en définitive l'impôt qui grève la circulation de nos cours d'eau.

La suppression des droits de navigation, avons-nous dit d'abord, exercerait l'influence la plus salutaire et la plus soudaine sur la batellerie; elle lui permettrait de soutenir la lutte contre les chemins de fer en attendant l'exécution successive des améliorations qui, en outre, devront être nécessairement apportées au régime de nos voies navigables.

On ne saurait sans doute contester l'avantage que présenterait cette mesure, sous le rapport de la réalisation immédiate. Essentiellement populaire et libérale, désirée par tous les intérêts, vivement sollicitée par les Chambres de commerce et par les Conseils généraux, les esprits sont préparés à la voir appliquée, au point qu'ils l'attendent comme une satisfaction qu'on ne saurait leur refuser. Dans de pareilles conditions, un décret qui ferait table rase de ces malheureux droits ne serait accueilli partout que comme un immense bienfait.

Elle serait   Quant au caractère essentiellement équitable de cette suppression, il n'est guère possible non plus de le nier aujourd'hui.

Pourquoi des droits sur les marchandises qui circulent sur les cours d'eau, voies publiques sur lesquelles la concurrence est libre et sans autres limites que celles qui résultent de leur nature même, quand la circulation sur les routes de terre n'est soumise à aucune perception au profit du Trésor, quand sur les chemins de fer, à la création desquels le budget a jusqu'à présent contribué pour un milliard, les transports à petite vitesse sont exempts d'un impôt que justifieraient cependant les sacrifices considérables devant lesquels l'État n'a pas reculé pour assurer la prospérité et la puissance des Compagnies qui les exploitent?

Les droits de navigation, il faut bien en convenir, au point de vue de l'équité, ne se justifient ni ne s'expliquent. Tout ce qu'on peut dire en leur faveur, c'est qu'ils existent; et, certes, s'ils n'existaient pas, on ne songerait pas à les établir, ou, du moins, si d'impérieuses considérations exigeaient que la circulation fût soumise à un impôt, il n'entrerait dans la pensée de qui que ce fût que les chemins de fer pussent rester affranchis des charges auxquelles on assujettirait les autres modes de transport.

Rien ne peut mieux faire ressortir, selon nous, l'anomalie des péages maintenus sur les cours d'eau, que cette supposition des conditions dans lesquelles il serait seulement possible au Gouvernement de créer un impôt de cette nature, si nous n'avions pas déjà les droits de navigation. On considérerait avec raison comme impraticable un système qui consisterait à faire peser sur la batellerie seule la participation aux charges publiques qu'on croirait devoir réclamer de l'industrie des transports, et qui laisserait affranchies de toutes contributions à ces charges les exploitations de nos chemins de fer, si riches et si puissantes. Il semble qu'il n'y aurait qu'une voix en France pour protester contre une pareille violation du principe de l'égalité devant la loi et devant l'impôt.

De deux choses l'une, en effet : ou il est contraire à l'intérêt général que la circulation sur les voies publiques soit gênée et restreinte par des péages qui sont un obstacle au bon marché des transports, et par suite au développement de la production et de la consommation, et alors pourquoi une exception au préjudice de la navigation?

Ou cette considération est dominée par les intérêts du Trésor, qui a besoin de conserver et même d'accroître ses ressources. Dans ce cas, pourquoi s'adresse-t-on exclusivement aux voies navigables, — instruments incomplets et imparfaits, — pour constituer à l'État un revenu si nuisible à l'industrie sur laquelle il le prélève?

Réponse à l'objection tirée de la modération des droits, depuis les réductions réalisées en 1860. Leur influence sur les conditions de la battellerie.

Nous savons bien qu'en réponse aux réclamations dont les droits de navigation sont l'objet, l'Administration a opposé la modération de ses droits, et qu'il a été objecté pour justifier leur maintien, qu'un impôt qui, pour une circulation de plus de dix-sept cents millions de tonnes kilométriques, en 1865, n'avait pas produit plus de 4 millions 975,000 francs, ne pouvait exercer une influence appréciable sur l'industrie qui avait payé ces droits.

C'est là, croyons-nous, une grave erreur : quelques modérés qu'ils paraissent être, les péages auxquels les voies navigables sont restées soumises, n'en sont pas moins, comme nous l'avons dit, une des causes les plus graves de la décadence des transports par eau, en ce qu'ils comptent dans le montant du fret payé au marinier pour une part considérable, eu égard à la fois au taux excessivement bas auquel ce fret à dû descendre, par suite de la concurrence des chemins de fer, et à l'élévation des dépenses qui, sur un grand nombre de lignes, doivent entrer dans sa composition.

Pour lutter contre cette concurrence, chaque jour plus pressante et hostile, les mariniers ont réduit les frais sur lesquels ils pouvaient avoir une action quelconque, autant qu'il a dépendu d'eux de le faire.

C'est ainsi, par exemple, que dans le Nord, ils ont augmenté la capacité de leurs bateaux dans les limites que comportent le tirant d'eau des différents cours d'eau qu'ils exploitent et les dimensions des écluses, et qu'ils sont arrivés ainsi à diminuer sensiblement la somme de leurs frais généraux.

Partout nous voyons les mêmes efforts se produire : on navigue avec les chargements les plus complets qu'on peut se procurer, on emploie les moyens de traction les plus économiques ; mais il est un élément du fret sur lequel les mariniers ne peuvent agir, c'est le droit de navigation.

On nous dit que ce droit n'a plus d'importance depuis les réductions que l'État a fait subir aux péages en août 1860 : mais on ne fait pas assez attention que les chemins de fer ayant depuis abaissé leurs tarifs au moins dans les mêmes proportions, et la batellerie ayant dû fatalement les suivre dans cette voie, à peine de se voir enlever tout son trafic, les droits de navigation sont restés relativement aussi élevés, après le décret du 22 août 1860, qu'ils l'étaient auparavant.

Des exemples feront mieux comprendre l'exactitude rigoureuse de ce que nous avançons-là. Sur la ligne de Marseille à Paris, la navigation transportait autrefois de notables quantités de marchandises, telles que, céréales, sucre, savons,

alun, sel de soude et autres produits chimiques, marbres,
pierres ponces, amidon, arachides, papiers, regrets d'orfèvre.
os bruts, etc.., marchandises pour lesquelles elle avait à payer
de 8 à 10 francs de droits.

L'énormité de ces droits ne pouvait permettre à la batellerie de soutenir longtemps la concurrence dans de pareilles
conditions, et le tonnage de la voie navigable décroissait
rapidement. Survint le décret de 1860, puis la suppression de
la classe tarifiée à 02^m. C'était une diminution d'environ
5 francs par tonne, pour les transports de la Méditerranée à
Paris, par le Rhône, la Saône, etc., sur les péages des marchandises que nous venons d'énumérer, et la navigation devait
en éprouver l'effet bienfaisant, mais la Compagnie du chemin
de fer de la Méditerranée s'empressa de son côté d'abaisser
ses tarifs sur les mêmes marchandises, savoir :

				Diminution par tonne.
Sur céréales, farines, etc.	de	39 f. 40	à 35,90	— 3,50
Sur sucres bruts, ami-dons, arachides, soufre, etc.,	de	55 f. »	à 44,10	— 10,90
Sur savons, aluns, soudes.	—	55 f. »	à 40,80	— 14,20
Sulfates, etc.	—	52 f. 70	à 35,90	— 16,80
Sur papiers.	—	100 f. »	à 70 »	— 30 »
Sur regrets d'orfèvre.	—	70 f. »	à 41,30	— 28,70
Sur marbres et pierres ponces.	—	85 f. »	à 41,30	— 43,70
Sur os bruts.	—	56 f. »	à 41,30	— 14,70

Ainsi les diminutions ont dépassé dans des proportions
considérables et sans aucune transition, le montant des concessions faites par l'État sur les droits de navigation.

Un autre exemple non moins concluant nous est fourni, la concurrence engagée entre la navigation et le chemin de fer dans le Nord.

Avant les réformes de 1860, le fret pour le transport des charbons de Mons à la Villette, était en moyenne de 9 francs par tonne, sur lesquels le batelier avait à payer 3 fr. 57 cent. de droits, y compris 60 centimes par tonne sur le canal Saint-Denis et le retour à vide ; ces droits ont été réduits depuis le décret d'août 1860 à 1 fr. 73 par tonne, ce qui semblait devoir constituer une différence de 1 fr. 84 cent. au profit de la navigation. Mais les prix du chemin de fer avant 1860, étaient de 10 francs à 10 francs 20 centimes par tonne, pour le transport des houilles de Mons et de Charleroi, de la frontière belge à Paris ; et aussitôt après les réformes de 1860, ils ont été successivement réduits à 9 francs et à 9 fr. 40, puis à 7 fr. 80, d'une manière uniforme, et quelle que fût la provenance du charbon, de Mons ou de Charleroi, du Nord, du Pas-de-Calais, ou d'Angleterre.

L'effet de ces réductions successives, qui ont fini par constituer une différence de plus de 2 francs dans les tarifs des chemins de fer, a été de forcer les mariniers à baisser encore leur fret dans des proportions qui leur ont fait perdre tout le bénéfice des diminutions apportées par l'Etat dans ses péages, puisque depuis que le tarif de 7 francs 80 est en vigueur sur la voie ferrée, les prix de la batellerie sont tombés à une moyenne de 6 francs 75 par tonne, inférieurs de 2 francs à ceux antérieurs à 1860, tandis que le montant total des réductions réalisées dans les droits ne dépasse pas, comme nous venons de le dire, 1 franc 84 centimes.

En 1860, au moment des réformes économiques, il existait entre Lille, Valenciennes, Douai et Paris des services de batellerie qui étaient parvenus à organiser, dans de très-bonnes conditions, des transports de marchandises, telles que huiles, produits chimiques et sucres, qui leur fournissaient notamment un aliment d'une très-grande importance. Le tarif du chemin de fer pour le transport des sucres de Lille à Paris était alors de 30 francs.

A la suite des réductions réalisées dans les droits de navigation, le chemin de fer déclasse les sucres et abaisse successivement ses taxes, sur cette marchandise, à 24 fr. 50, puis à 19 fr. 40, puis enfin à 12 fr. 60, prix actuel. Les péages avaient été réduits de 4 fr. 62 à 3 fr. 10, c'est-à-dire de 1 fr. 52 ; le chemin de fer a fait subir à ses tarifs une diminution de 17 fr. 40 ou d'environ 60 0/0. Il est facile de comprendre ce que la navigation a dû perdre sur ces transports, qu'elle est dans l'impossibilité d'effectuer à un prix inférieur à celui du chemin de fer, avec des droits de navigation qui entrent pour 25 0/0 dans ce prix, et tous les autres frais de traction, d'agence, d'embarquement et de débarquement, de nourriture et gages des hommes, assurances, réparations d'entretien et grosses réparations, franchises d'avarie, etc., qui composent avec les droits le total des dépenses par voyage.

Ces marchandises, qui offraient de grands avantages peuvent donc être considérées comme à peu près perdues pour elle tant qu'elles resteront grevées de droits aussi considérables.

En ce qui concerne les transports de houille, l'ardente concurrence engagée entre la voie ferrée et la voie navigable, a eu pour résultat de développer un trafic qui, sur l'une et l'autre, a dépassé de beaucoup, après 1860, celui des années antérieures, et cet accroissement du tonnage a jusqu'à présent permis à la batellerie de se maintenir à côté du chemin de fer.

Mais l'avilissement d'un fret variant de 6 fr. 25 à 7 fr. par tonne, c'est-à-dire ne dépassant guère une moyenne de 6 fr. 75, peut-il permettre de prolonger longtemps une pareille situation ? Qu'on décompose ce fret et on arrivera à cette conclusion que, toutes parts étant faites aux dépenses, c'est à peine si elles laissent aux mariniers de quoi vivre.

Bien que le compte de ce que coûtent et rapportent à un marinier les transports de charbon qu'il peut effectuer dans une année, de Mons à Paris (la Villette), ait été établi dans de nombreux documents, il nous a paru cependant qu'il importe de le rappeler ici où ces renseignements trouvent naturellement leur place.

Si on suppose les conditions les plus favorables, c'est-à-dire, trois voyages par an, avec charge moyenne de 240 tonnes, et un fret de 6 fr. 90 (supérieur au prix moyen), on aura comme produit, par voyage, 1,656 francs, soit par année . . . . 4,968 fr. »»

Avec laquelle somme le marinier a à faire face aux frais suivants :

DÉPENSES GÉNÉRALES PAR ANNÉE.

Prime d'assurance.	50 »»	
Entretien, réparations, cordages et goudron	200 »»	
Nourriture et dépenses d'entretien du batelier et de sa famille à raison de 80 fr. par mois	960 »»	
A reporter. . . .	1,210 »»	4,968 fr. »»

Report	1,210 »»	4,968 fr. »»
Patente belge et française	72 »»	
	1,282 fr. ci 1,282 fr.	

FRAIS SPÉCIAUX D'UN VOYAGE
DE MONS A PARIS.

Halage et pilotage, avances sur la lettre de voiture, frais au chargement, stationnements, et frais de retour à vide, 628 fr., ou, pour trois voyages	1,884 fr.
Droits de navigation, à raison de 1 fr. 90 par tonne (y compris les droits sur le canal Saint-Denis et sur la partie belge du canal de Mons), 456 fr. par voyage, ou, pour trois voyages . , ...	1,368
Total.	4,534 fr. ci 4,534 fr. »»
Il reste donc au marinier.	434 fr. »»

Mais le prix des bateaux qui font les transports entre la Belgique et Paris varie de 3,000 à 12,000 francs ; on peut admettre, comme valeur moyenne, avec les agrès, 6,000 fr. Et c'est avec les 434 fr. qui lui restent, toutes dépenses prélevées, que le marinier doit pourvoir à l'intérêt et à l'amortissement de ce capital ! Si de temps à autre, — bien rarement, — il ne trouvait pas quelque chargement pour le retour, l'exercice de son industrie serait absolument impossible ; et tout bien considéré, on est obligé de reconnaître que la batellerie qui, — à raison de l'état de la voie navigable, devrait être dans la meilleure situation,— ne continue ses opérations de transport qu'en sacrifiant l'avenir au présent, qu'en laissant

son matériel se détériorer, son capital dépérir, que sa condi-
-tion est des plus misérables, et que cette intéressante popu-
lation des mariniers du Nord ne peut vivre que dans une
perpétuelle inquiétude au sujet du pain du lendemain.

On a prétendu que cette situation désolante provenait bien
plus du grand nombre de bateaux employés aux transports
sur les voies du Nord et de la concurrence que les mariniers
se font à eux-mêmes, que de celle du chemin de fer.

Mais cette objection est-elle bien fondée ? Nous ne le croyons
pas. La preuve que c'est bien à la concurrence du chemin de fer
qu'il faut attribuer la crise que subit la batellerie du Nord,
est dans la différence que nous avons signalée entre les prix
du chemin de fer avant 1860, et ceux en vigueur depuis trois
ans. Il saute aux yeux que les mariniers ne pouvaient con-
tinuer à maintenir leur fret, entre Mons et Paris, par exemple,
au taux de 9 fr., quand le chemin de fer baissait les siens à
7 fr. 80 de la frontière à Paris, ce qui représente, en moyenne,
moins de 9 fr. de la mine. Étant donnés les avantages
spéciaux aux transports par la voie ferrée, et tous ceux
accordés par la compagnie du Nord à sa nombreuse clientèle,
un écart de 2 fr. 25 entre les deux modes de transport n'a
rien que de normal et même d'inévitable.

Il faut prendre garde aussi que les transports de houille
ne se sont développés que sur la grande ligne navigable de
Mons à Paris. Quant à celle de Charleroi où, par suite des
tarifs maintenus par les compagnies concessionnaires de la
Sambre française et du canal de jonction, la houille paie près
de 4 fr. de droits de navigation jusqu'à la Villette, c'est-à-dire
40 à 45 0/0 du fret moyen, les transports, loin d'y progresser,
y sont en décroissance notable, et il en résulte que les bateaux

3

auxquels cette ligne est interdite sont bien obligés de se rejeter sur celle de Mons. Mais est-ce une raison pour en attribuer la faute à la batellerie, et peut-on dire pour cela que les bateaux qui exploitent le réseau de nos voies navigables du Nord soient trop nombreux ?

Ce qu'on peut affirmer c'est que, s'ils l'étaient moins, les intérêts du commerce et de l'industrie en pourraient souffrir gravement dans un grand nombre de circonstances, et que, lorsque se produisent, sur le chemin de fer, ces encombrements dont nous avons vu tant d'exemples, un matériel de batellerie moins considérable aurait des conséquences désastreuses pour les intérêts publics.

Par la situation de la navigation du Nord, telle que nous venons de la constater, telle que tout le monde peut la constater comme nous, par les difficultés avec lesquelles elle est aux prises, par les tristes conditions que lui a faites le chemin de fer, on peut juger de l'état dans lequel se trouve la batellerie sur des cours d'eau qui, sous le rapport du régime, ne peuvent soutenir la comparaison avec ceux qui composent le réseau du Nord.

Il s'en faut que les transports sur les voies navigables du Centre, sur le Rhône, la Saône et le canal du Rhône au Rhin, aient lieu dans des conditions aussi favorables. Les frais occasionnés par l'insuffisance du tirant d'eau, les grosses ou les basses eaux, le manque de trafic, les imperfections des ouvrages, et mille causes d'interruptions et d'irrégularités, lui créent les conditions les plus difficiles, tandis qu'elle soutient contre les chemins de fer une lutte qui n'est pas moins ardente.

Partout, sur la grande ligne de la Méditerranée à la Seine,

sur celles de Lyon à Mulhouse et à Strasbourg, sur celle de Roanne à Nantes ou à Paris, la navigation se débat péniblement contre la plus vive concurrence avec tous ces désavantages, grevée en outre de droits qui varient, suivant la classe, de 1 fr. à 4 fr. par tonne. Et partout aussi les chemins de fer ont fait subir à leurs tarifs, depuis 1860, des diminutions bien plus considérables que celles apportées, à cette époque, dans les péages.

A prendre l'ensemble du tonnage kilométrique sur les cours d'eau appartenant aujourd'hui à l'État (1,736 millions de tonnes, en 1864), et le produit total des droits (4,975,000 fr.), on trouve, il est vrai, que le péage moyen est à peine de 0.003^{m} par tonne; mais en doit-on conclure que c'est là une charge en réalité trop faible pour qu'elle puisse être nuisible à l'industrie qui la subit?

Déduction faite de ce droit, le prix moyen de transport payé à la batellerie n'est guère que de 02 centimes par tonne et par kilomètre, et que reste-t-il au marinier sur ce prix si l'on en retranche, nous ne dirons pas tous les frais y compris les frais généraux, mais ceux afférents à chaque voyage seulement, pour traction, assurance, chargement et déchargement? 6 millimes à peine, dans les conditions de transport les moins défavorables! 6 millimes avec lesquels il doit être fait face à ces frais généraux, à ceux de commission et d'agence, dont le total ressort à un chiffre presque égal! de telle sorte qu'on peut dire qu'il n'existe pas d'industrie qui soit soumise à un impôt aussi écrasant que celui perçu à titre de péage sur l'industrie des transports par eau, puisque cet impôt est à lui seul supérieur aux bénéfices du marinier, à raison desquels il devrait être calculé et établi, pour être rationnel et équitable.

Et puis, qu'on y prenne garde, cette moyenne de 3 millimes par tonne et par kilomètre, à laquelle on suppose que s'élève le droit de navigation sur l'ensemble des cours d'eau appartenant à l'État, pour en prouver la modération, n'empêche pas que sur certaines lignes ce droit ne soit beaucoup plus onéreux. Sur celles de Mons, de Lille et de Lens à Paris-la-Villette, par exemple, il est d'environ 1/2 centime par tonne et par kilomètre, c'est-à-dire, de plus du quart du montant total des frais pour les marchandises de dernière classe. Et si nous faisons le compte pour des lignes sur lesquelles se trouvent encore des voies en la possession de concessionnaires, comme la Sambre canalisée et le canal de jonction, nous arrivons à trouver que ce droit ruineux s'élève à plus d'un centime par tonne et par kilomètre, c'est-à-dire, à 40 et 45 pour 100 du montant total du fret, pour la houille, les betteraves, les minerais, les engrais, les pierres, enfin pour toutes les marchandises de moindre valeur.

Cette situation n'est réellement pas tenable, elle l'est d'autant moins que, ainsi que nous l'avons dit et que nous l'avons prouvé par les faits, l'industrie des transports par eau, à très-peu d'exceptions près, n'est plus exercée que par des mariniers n'ayant absolument d'autre capital que celui que représente leur bateau, et trouvant à peine dans leur travail de quoi vivre au jour le jour.

Avant d'avoir reçu le montant de leur fret, il leur faut cependant pourvoir aux dépenses afférentes à chaque voyage, notamment au paiement des droits de navigation, et sur les 5 millions auxquels ces droits s'élèvent sur les voies appartenant à l'État, les mariniers en avancent bien 4, qu'ils

empruntent la plupart du temps aux conditions les plus onéreuses.

On ne saurait croire combien cette nécessité pèse lourdement sur l'industrie des transports par eau, et la suppression
des droits de navigation, ne dût-elle avoir pour conséquence
que d'alléger la batellerie de cette obligation d'en faire
l'avance, qu'elle serait déjà pour elle, et par cela seul, un
grand bienfait.

Ce côté de la question est loin cependant d'être le plus
important. Dans les conditions où s'effectuent les transports
en France, où les distances entre les points d'expédition et de
destination sont souvent de cinq et six cents kilomètres, les
droits s'élèvent à des chiffres qui, pour certaines marchandises, telles que les céréales, grains et autres denrées alimentaires, les vins et eaux-de-vie, les huiles et savons, les sucres,
les métaux ouvrés, les cuirs et peaux, etc..., atteignent 5 et
600 fr. par bateau, suivant le tonnage.

Nul doute qu'une aussi énorme charge n'ait contribué
puissamment à déposséder la navigation de ces transports,
nul doute non plus qu'en en allégeant la batellerie on ne lui
en ramène des quantités importantes.

Il en est de même pour d'autres marchandises de moindre
valeur telles que les produits chimiques, les sels, les soudes,
les soufres, les betteraves, les charbons de bois, les écorces,
les tans, les métaux bruts; de même pour les minerais, la
houille, les bois, les engrais, etc., au transport desquels le
droit de navigation ne laisse pas de nuire aussi d'une manière
extrêmement sensible, attendu qu'en définitive le fret sur ces
matières est en raison de leur faible valeur intrinsèque, et
que pour le bateau qui apporte d'Anzin à Paris 240 tonnes

de charbon, au fret de 6.50, il n'est pas moins onéreux de payer un total de 400 fr. de droits, qu'au bateau chargé de sucre de Valenciennes ou de Lille à la même destination, d'en payer 600 et 700 fr.

Sur les voies du Centre, pour les expéditions de Saint-Étienne ou de Blanzy à Paris ou à Angers, par exemple, quelque faible que paraisse le droit de 1 fr. 15 c. ou 1 fr. 20 c. par tonne, qui grève encore les chargements de charbon, les mariniers, en raison de l'état de ces voies et du tonnage de 100 à 125 tonnes qu'elles comportent seulement, ayant à subir des frais de traction et autres, proportionnellement très-élevés, un total de droit de 100 à 125 fr. par bateau constitue pour eux une charge excessive, dont la suppression leur serait un allégement considérable.

De ce que le fret baisserait du montant des droits supprimés, ou ne peut ou conclure que la mesure ne profiterait pas à la navigation.

A nos instantes réclamations à ce sujet, on a objecté que, en supposant que le Gouvernement consentît à supprimer les péages, ce ne serait pas la batellerie qui profiterait de la mesure, mais bien le commerce et les industries, attendu que le fret subirait un abaissement égal au montant des droits supprimés.

Il est bien vrai qu'il est arrivé la plupart du temps que les réductions apportées dans les droits de navigation avaient eu pour conséquence des diminutions équivalentes, ou à peu près, des prix de transport. Mais, il nous semble que loin d'ôter quelque valeur aux arguments invoqués jusqu'à présent au point de vue de l'intérêt même de la batellerie et de la nécessité de maintenir leur indispensable concurrence, ce fait leur ajoute toute la force que peut leur donner la solidarité qui existe entre cet intérêt et les intérêts généraux appelés à ressentir, et trèsdirectement, les bienfaits de la mesure qui supprimera l'impôt du péage.

Nous l'avons dit au début de ce travail, la cause réelle de la crise dont la batellerie souffre si gravement n'est pas seulement dans la diminution si considérable que ses prix ont dû subir en présence de la concurrence des chemins de fer, elle est aussi, sinon dans la décroissance de son tonnage, au moins dans son état de stagnation, dans son insuffisance. Que ce tonnage vienne à se relever, à prendre un grand développement, et le nombre des voyages que chaque bateau pourra effectuer dans une année venant à augmenter, le chargement ne faisant plus défaut, les frais généraux seront notablement réduits, les services se feront plus régulièrement, la traction, mieux organisée, coûtera moins cher, il y aura bien moins de pertes de temps, et on obtiendra alors des économies telles que la batellerie pourra, sans aucun inconvénient pour elle, laisser au commerce et à l'industrie le bénéfice direct de la suppression des droits.

Si les réformes apportées dans ces droits par le décret d'août 1860 ont été suivies de notables réductions dans le fret, il ne faut pas oublier que lorsque ce décret est intervenu, la navigation, sous l'influence des tarifs de navigation, alors en vigueur sur les cours d'eau appartenant à l'État et aux compagnies concessionnaires depuis lors expropriées, était dans une période de décadence sans précédents comme gravité et comme persistance. Quelque insuffisantes qu'elles aient été, les mesures prises ont eu incontestablement pour résultat d'arrêter le mouvement de décroissance du tonnage des voies navigables qui, dans les années 1861, 1862 et 1863, ont pu reconquérir le terrain qu'elles avaient perdu depuis 1857.

Mais cette reprise qui s'est manifestée dans le mouvement
de la navigation n'est due précisément qu'à l'abaissement des
prix de transport qui a suivi les réformes de 1860. Cela est de
toute évidence, comme cela était de toute nécessité, puisque
le Gouvernement, en rachetant les canaux concédés ou aliénés,
et en réduisant les péages, n'avait d'autre but que de donner
à nos industries nationales des moyens de transport plus
économiques, et de leur permettre de soutenir sans désavantage la concurrence étrangère favorisée par l'abaissement
des tarifs douaniers.

Peut-on dire cependant que ces réductions aient été inutiles à la batellerie? Il suffit de se rappeler dans quelle crise
elle se trouvait alors pour reconnaître que, sans ces réductions, elle était condamnée à un inévitable et complet dépé-
rissement.

Donc, ces réformes, dont elle n'a pas directement profité
à l'époque où elles ont été réalisées, n'en ont pas moins eu
pour elle un immense résultat en relevant son tonnage et en
développant le mouvement général des transports.

C'est le même effet qui se produirait aujourd'hui si le Gouvernement se décidait à accueillir le vœu public et à supprimer entièrement cet impôt maintenu sur la fréquentation des
voies navigables, qui n'a pas seulement contre lui d'être
perçu par exception sur l'industrie malheureuse, hors d'état
de le supporter, qui exploite ces voies, tandis que les routes
et les chemins de fer en sont affranchis, mais qui est surtout
attaqué avec juste raison parce qu'il nuit au développement
de la circulation,

De nouvelles réductions des tarifs des che-

Maintenant, est-il vrai, comme on l'a dit encore, que les
chemins de fer devant toujours suivre la batellerie dans la voie

des abaissements des prix de transports, et l'écart entre le fret de l'une et les tarifs des autres devant par conséquent rester le même, la navigation n'aurait pas à espérer de voir son tonnage se relever, lors même qu'on la débarrasserait des péages ?

A cette objection, la réponse nous semble facile : Nous attachons la plus grande importance à la suppression des péages, parce qu'elle aurait l'avantage d'être à la fois immédiate et d'affranchir la navigation d'une charge considérable ; mais il ne faut pas perdre de vue que cette mesure n'est cependant pas la seule que le Gouvernement aurait à prendre pour soutenir la batellerie et rendre son rôle plus actif et plus utile. Ne dût-elle que permettre aux mariniers d'attendre l'effet des améliorations projetées, et qui s'exécuteront successivement dans le régime de nos cours d'eau, que leur rendre dès à présent l'exercice de leur industrie moins difficile, que les encourager à apporter eux-mêmes dans leurs opérations des progrès qui diminueraient la somme de leurs frais, la mesure qui affranchirait nos voies navigables de l'impôt qui pèse sur leur fréquentation n'en serait pas moins un grand bienfait pour ceux qui les exploitent.

D'ailleurs, quelles que soient la puissance et les ressources des chemins de fer, il est évident qu'ils ne pourraient pas plus réduire leurs tarifs au-dessous de certaines limites, sans compromettre les intérêts de leurs actionnaires, qu'ils ne pourraient développer indéfiniment leur trafic sans grave danger pour la sécurité publique. Il y a dans cette double considération une garantie suffisante que la batellerie serait appelée à profiter de l'impulsion considérable que la suppression des péages et les améliorations de nos cours d'eau ne manqueraient pas de donner aux transports, au moins en prenant sa large part du mouvement nouveau que ces mesures contribueraient puissamment à créer.

Qu'au moyen de l'affranchissement des voies navigables et de leur amélioration, la moyenne des prix des transports par eau vienne à tomber à un centime et demi ou un centime et quart, et il n'est guère à présumer que les chemins de fer puissent assez se rapprocher d'un pareil fret pour enlever à la navigation le trafic qu'il lui attirerait.

Mais quand il n'en devrait pas être ainsi, quand la batellerie devrait fatalement succomber dans la concurrence engagée entre elle et les chemins de fer, serait-ce une raison pour maintenir une charge qui ne peut, dans tous les cas, que hâter cette regrettable issue de la lutte, et qui justifie d'autant plus les attaques dont elle est l'objet que l'industrie qui la subit est d'autant moins en situation de la supporter?

Qu'on l'en débarrasse donc, et si l'industrie des transports par eau ne peut échapper à sa ruine, l'Etat n'aura pas du moins à se reprocher d'y avoir contribué.

Dans tous les cas, la mesure aurait toujours cela de bon qu'elle serait essentiellement favorable aux intérêts publics ; car ce qui ne peut être contesté, c'est que les droits de navigation supprimés entraîneraient un abaissement relatif du prix des transports, et que leur existence est par conséquent contraire à nos industries et à notre agriculture.

Importance de la mesure pour les exploitations houillères et la production industrielle.

On a prétendu, il est vrai, que sur les transports des matières premières et de grande consommation telles que la houille, par exemple, le droit est trop peu important pour que sa suppression puisse avoir l'influence qu'on lui attribue sur la production de nos exploitations houillères.

Nos grandes industries, celles qui extrayent comme celles qui consomment la houille, sont loin d'être de cette opinion qui ne peut être non plus celle du Gouvernement, puisque, dans le but de favoriser l'indroduction des houilles étrangères en France, après avoir abaissé, en 1860, le droit à l'importation de 3 fr. 60 à 1 fr. 80 par tonne, il a encore réduit ce dernier, en 1864, après trois années d'expérience du nouveau régime économique, pour les charbons anglais et les charbons belges, à 1 fr. 20 par tonne.

S'il a jugé qu'il n'était pas indifférent, dans l'intérêt de notre consommation, de réduire de 0 fr. 60 le tarif douanier en faveur des charbons étrangers, comment pourrait-il opposer aux réclamations qui se produisent dans le sens de la suppression des droits de navigation, l'insignifiance du péage de 1 fr. 15 ou de 1 fr. 20 par tonne, qui grève l'expédition de nos charbons du Centre à Angers ou à Paris, avec tout le désavantage en outre d'un parcours de 450 à 600 kilomètres sur des voies aussi imparfaites que les canaux de Berry, de Briare et du Loing, et surtout que la Loire?

Le gouvernement de l'Empereur, en persistant dans la voie des grandes réformes économiques et du régime libéral qu'il a inauguré en 1860, n'a certainement jamais entendu sacrifier les intérêts de nos propres industries. Il sait qu'il doit à celles-ci des compensations, c'est-à-dire des voies de transports à bas prix. Eh bien! depuis 1860, les tarifs douaniers ont été réduits sur les charbons anglais de 2 fr. 40 par tonne, et cependant les droits que les houilles de Saint-Étienne, par exemple, avaient à payer depuis Roanne jusqu'à Angers, et qui étaient de 2 fr. 31 par tonne, avant le nouveau régime douanier, n'ont été réduits, depuis, qu'à 1 fr. 15, c'est-à-dire, de 1 fr. 16; de telle sorte que la concession faite en faveur des charbons anglais depasse de 1 fr. 24 par tonne celle accordée aux provenances de Saint-Étienne. N'y a-t-il pas là une inégalité, toute au profit de la production étrangère, qu'il est à la fois de toute justice et d'un grand intérêt national de faire immédiatement cesser ?

Citons encore la ligne de l'Alsace, de Lyon à Mulhouse, sur laquelle les houilles de la Loire avaient à payer, sous le régime des anciens tarifs, pour droits de navigation sur la Saône et le canal du Rhône au Rhin. .   1. 75 par tonne droits qui ont été réduits, depuis 1860, à   0. 95 par tonne,

soit de. . . . .   0. 80 ou d'environ 46 pour cent.

Mais voici qu'aujourd'hui les houilles allemandes qui ne payent que 1 fr. 10 à l'importation, pénètrent par le canal de la Sarre, tout récemment livré à la circulation, et par les canaux de la Marne au Rhin et du Rhône au Rhin, c'est-à-dire par une voie de 265 kilomètres au plus, dans les meilleures conditions de navigabilité, jusqu'à Mulhouse, où elles viennent faire concurrence à nos charbons de la Loire qui ont à parcourir, depuis Lyon jusqu'à cette même ville, 440 kilomètres d'une navigation des plus imparfaites.

Ce n'est pas tout ; ces mêmes charbons sont expédiés de Saint-Étienne à Lyon par chemins de fer, et pour les 57 kilomètres qui séparent ces deux villes elles payent, à raison de 8 centimes par tonne et par kilomètre, plus, pour le chargement et le déchargement, au moins 5 fr.

De telle sorte que voici, en résumé, quelles sont comparativement les conditions de transport des charbons expédiés des bassins de Saarbruck, de Saint-Étienne à Mulhouse par la voie d'eau.

<table>
<tr><td>Charbon de Saarbruck.</td><td>Charbon de Saint-Étienne.</td></tr>
<tr><td>Droit de douane............ 1 fr. 10
Transport par le canal des houillères et les canaux de la Marne au Rhin et du Rhône au Rhin (265 kilomètres), fret, tous droits compris................ 6 50</td><td>Transport de Saint-Étienne à Lyon par chemin de fer, chargement et transbordement du wagon sur le bateau................... 5 fr. 40
Transport par la Saône et le canal du Rhône au Rhin, 440 kilom., y compris 95 c. de droits................. 11 »»</td></tr>
<tr><td>Total............. 7 fr. 60</td><td>Total............. 16 fr. 40
7 60</td></tr>
</table>

Différence au préjudice des charbons de Saint-Étienne.... 8 fr. 80

Dans de pareilles conditions, la suppression du droit de 0 fr. 95 par tonne, sans préjudice des améliorations que réclament la Saône et le canal du Rhône au Rhin, ne serait-elle pas aussi équitable que nécessaire ?

Peut-on contester d'ailleurs que ces péages, si peu importants qu'ils paraissent, ne laissent pas, pour toutes nos industries, de se traduire par un chiffre qui est loin d'être sans influence sur les conditions de leur production. Pour nos établissements métallurgiques, par exemple, la mesure qui supprimerait le péage sur la houille, le minerai et la castine qu'ils consomment, ainsi que sur la fonte ou le fer qu'ils produisent, ne leur viendrait-elle pas puissamment en aide dans leur lutte contre les industries étrangères, en réduisant notablement le prix de revient des matières qu'ils employent en si grandes quantités, et en favorisant aussi les expéditions de leurs produits ?

Mais des intérêts pour lesquels la suppression des droits de navigation serait de la plus haute importante, et d'une incontestable opportunité, sont les intérêts de notre agriculture

dont les souffrances ont été l'objet d'un appel à la sollicitude
du Gouvernement qui a eu un si puissant retentissement, et
ont causé des émotions qui sont loin d'être encore apai-
sées.

Que ressort-il, en définitive, de ces vives réclamations
portées devant le Corps législatif, et des débats auxquels elles
ont donné lieu, si ce n'est que la suppression des droits de
navigation serait le remède le plus prompt et le plus sûr qu'on
pût apporter à ces souffrances ?

Parlons, par exemple, des céréales, pour lesquelles 32 députés ont cru devoir réclamer un droit protecteur à l'importation de 2 francs par hectolitre sur les blés étrangers entrant
en France, proposition que le Gouvernement et la Chambre
ont repoussée. N'est-il pas évident que la suppression de
péages qui, de Lyon à Paris, par exemple, s'élèvent à près
de 4 francs par tonne, et qui, de Paris à la frontière du Nord,
varient de 2 à 3 francs, serait un moyen bien autrement
efficace de venir en aide à notre agriculture, en favorisant à
la fois et les transports de ses produits les plus importants sur
tous les points du territoire de l'empire, et leur exportation
dans les années d'extrême fertilité ? Et l'emploi de ce moyen
auquel le Gouvernement, dans le cas de récoltes insuffisantes,
a toujours eu recours dans l'intérêt de la consommation,
n'est-il pas aussi bien indiqué, lorsqu'il s'agit d'atténuer
pour les intérêts agricoles les conséquences de l'avilissement
des prix ?

De même pour les vins. N'est-ce rien que les 4 ou 5 francs
de droits que ces produits ont à payer pour leur transport du
Midi ou de la Bourgogne à Paris, et lorsqu'on pense que,
pour qu'ils puissent être exportés en Belgique par les voies
navigables, ils n'auraient pas moins de 7 à 8 francs à subir

pour les seuls péages, n'est-on pas frappé à la fois de l'énormité d'un pareil impôt, de l'influence qu'il ne peut manquer d'avoir et sur la navigation et sur la production, et aussi des conséquences heureuses qu'entraînerait sa suppression ?

Qu'on supprime aussi les droits sur les betteraves, —les betteraves dont l'emploi raisonné, a dit un homme plus compétent que qui que ce soit en pareille matière, M. Darblay, est aujourd'hui le pivot sur lequel roule tout le système de notre culture perfectionnée ! (1) — et quelles ne seront pas les conséquences de cette mesure, et pour cette culture et pour une des industries les plus importantes du pays, pour les fabriques de sucre, qui ont un si grand besoin d'encouragement et de protection !

La betterave rend en moyenne 5 0/0 en sucre brut, il faut par conséquent 20,000 kilog. de betteraves pour fabriquer 1,000 kilog. de sucre.

Si nous supposons ces 20 tonnes de betteraves expédiées de l'un des ports de l'Oise à une des fabriques des environs de Lille et de Valenciennes, la tonne de sucre brut qui en aura été tirée, aura supporté du fait du transport de ces 20 tonnes de betteraves, de 18 à 20 francs de droits de navigation !

Mais ce n'est pas tout : cette tonne de sucre brut devra être expédiée à Paris pour être raffinée, elle subira encore pour droits de navigation, soit 3 fr. 11 de Lille à la Villette, soit 2 fr. 05 de Valenciennes !

Maintenant si on suppose cette même tonne de sucre, expédiée encore par les voies navigables pour être exportée, soit à Rouen, soit à Nantes, soit à Lyon, soit vers la Belgique, on trouvera qu'elle aura acquitté, avant et depuis sa transfor-

(1) Séance du Corps législatif du 13 mars dernier.

mation, sous forme de péages, un impôt s'élevant à plus de 25 fr., sans compter les droits qui auront en outre frappé le transport des matières, telles que noir animal et chaux, qui servent à la fabrication et au raffinement du sucre !

Il y a encore la question des engrais. Un député, M. de Veauce a dit, (1) que les engrais entrent, dans le prix de revient du blé, pour 5 fr. par chaque hectolitre produit, c'est-à-dire, pour 60 à 65 francs par tonne.

On compte en moyenne une production de 14 hectol. 1/2 par hectolitre; il faut donc par hectare, pour produire ces 14 hectol. 1/2, 72 fr. 50 d'engrais.

« Une enquête, a dit M. de Veauce, a prouvé qu'il faut « des engrais industriels aujourd'hui, et qu'il n'y a pas « possibilité de cultiver la terre avec fruit sans cet élément. « Or, en Angleterre on use 600,000 tonnes d'engrais indus- « triels par an, tandis que sur une étendue infiniment plus « grande, on n'en use en France que 300,000 tonnes. »

Pourquoi cette différence en France? parce que le prix des engrais est trop élevé. Qu'on supprime les droits de navigation et on agira sur un élément important de ce prix, le transport ; et on rendra à la fois un service considérable et à l'industrie de fabrication d'engrais, et aux agriculteurs.

A propos précisément du rôle de la betterave dans l'agriculture et l'industrie, et de l'importance de ce rôle particulièrement dans le département du Nord, M. Darblay, s'est exprimé au sujet de cette mesure dans les termes les plus pressants, et nous ne pouvons mieux faire que de reproduire

(1) Séance du 8 mars 1866.

ici les paroles d'un homme qui jouit d'une autorité aussi incontestée en pareille matière :

« Que faut-il donc, a-t-il dit, pour faire jouir tous nos départements des mêmes avantages? *L'amélioration de toutes nos voies de transport et notamment de nos voies navigables.* Il n'y a pas à penser, en effet, à imposer aux compagnies de chemins de fer des tarifs arbitraires en contradiction avec leurs cahiers de charges. Il y a lieu sans doute d'espérer qu'après l'achèvement de toutes les voies concédées, le voisinage même des lignes rivales amènera une certaine baisse de prix ; mais les chemins de fer ne s'improvisent pas : que le Gouvernement prenne donc les moyens les plus simples et les plus prompts.

« *La salutaire concurrence des voies navigables peut seule aujourd'hui faire faire aux compagnies de suffisantes réflexions sur la nécessité des transports à bon marché.*

« La meilleure manière de prêcher, c'est de prêcher d'exemple. Je dirai donc à l'État : *Commencez par faire le sacrifice de tous vos droits de navigation sur les canaux et les rivières. Débarrassez le commerce non-seulement d'un impôt onéreux, mais d'un fatras de laissez-passer, de constatations, de procès-verbaux qui lui font perdre son temps et son argent.*

« *Et tout cela pour 2 ou 3 millions ! Pauvre recette, si on la compare à ce qu'elle fait perdre au pays.*

« On ne se figure pas bien ce que c'est que la puissance de la navigation comparée à celle des chemins de fer. Le moindre bateau représente la charge de 20 wagons, et combien de bateaux un fleuve vraiment navigable ne peut-il pas amener dans un seul jour !

« Il y a un axiôme anglais qui compare ainsi les divers modes de transports : « Les chemins de fer battent les ca« naux, mais ils sont battus par les rivières. »

« Nous ne voulons battre personne, *mais nous voulons la concurrence, et nous appelons, messieurs, toute l'attention, toute la sollicitude du Gouvernement sur nos voies navigables, en vue de permettre à notre pays le développement des richesses qu'il renferme, et surtout en vue de sauver notre agriculture.*

« On se plaint que la liberté commerciale fait vendre à notre culture ses produits au-dessous du prix qu'ils lui coûtent. Ne cherchons pas les moyens de les lui faire

Opinion de M. Darblay.

4

vendre plus cher, cela n'est pas à notre disposition ; mais donnons-lui les moyens de les produire à meilleur marché. — Mettons d'accord le producteur et le consommateur, c'est la seule bonne, la seule véritable économie politique, et je suis certain que vous ne la désavouerez pas. »

Ces paroles révèlent la plus juste appréciation des inconvénients des droits de navigation, et du mal que cause à la navigation un impôt qui, déduction faite des frais de perception qu'il nécessite, ne rapporte certainement pas 4 millions nets à l'État; qui outre qu'il grève notre malheureuse batellerie de cette charge excessive pour elle, et de la nécessité d'en faire l'avance, fait subir aux mariniers, pour l'acquit de cette taxe, à des bureaux souvent éloignés de leur route, ou fermés quand ils y viennent pour s'y faire délivrer les laissez-passer, des pertes de temps, des démarches, des faux frais, toutes choses se traduisant par un préjudice dont on ne peut se faire une idée exacte, que lorsqu'on s'est bien rendu compte des conditions de leur industrie, de l'importance des petites économies, et par conséquent de l'intérêt qu'il y aurait à supprimer toutes dépenses inutiles.

Au point de vue des intérêts au nom desquels M. Darblay est surtout intervenu dans les débats qui ont eu lieu dans le sein du Corps législatif, ce qui ressort aussi de ce qu'il a dit sur la nécessité du sacrifice qu'il a demandé à l'État de faire des droits de navigation, c'est que s'ils nuisent d'abord à la batellerie, en entravant la libre exploitation des voies navigables, en restreignant leur fréquentation et leur utilité, en compromettant leur concurrence, ces droits pèsent aussi lourdement sur l'agriculture et l'industrie qui les subissent en définitive, et auxquels leur suppression seraient essentiellement favorable par l'économie qui en résulterait dans les transports, non seulement sur les rivières et les canaux, mais aussi sur les chemins de fer.

On ne saurait contester que toute réduction dans les prix de transport est immédiatement suivie d'une augmentation de tonnage équivalente, et même, très souvent, proportionnellement supérieure à cette réduction.

Ainsi on peut évaluer à 60 pour 100 l'accroissement qui s'est manifesté sur l'ensemble des canaux rachetés en exécution du décret d'août 1860, et aussi sur ceux avec lesquels ils sont en communication plus directe, si on compare le tonnage de 1859 à celui des années qui ont suivi 1860.

Sans doute, il n'en a pas été partout de même, et étant tenu compte des diminutions qui se sont produites sur un certain nombre de cours d'eau d'une grande importance comme développement, il se trouve qu'en résumé le mouvement de 1864 n'a guère augmenté que de 20 pour 100, comparativement à 1859, et comme nous l'avons établi au commencement de ce travail, a plus tôt diminué comparativement à 1855.

Mais que serait-il arrivé sans les réformes de 1860? A en juger par la rapide et énorme décroissance des transports de 1856 à 1860, si les anciens péages avaient été maintenus la navigation en serait peut-être réduite aujourd'hui aux deux tiers de ses transports actuels, c'est-à-dire à quelque chose comme 1,500 millions de tonnes kilométriques.

D'un autre côté, sur les chemins de fer, au lieu des 4 milliards 6 ou 700 millions de tonnes kilométriques que représente leur trafic, dont l'énorme développement est certainement dû, en grande partie, à l'abaissement de la moyenne de leurs tarifs, — abaissement provoqué lui-même par les réductions apportées dans les droits de navigation, et les diminutions des prix de transport par la voie d'eau qui les ont suivies, — quel chiffre leurs transports auraient-ils atteints sans cet aiguillon de la concurrence de la navigation ainsi dégrevée ? C'est ce qu'il est sans doute assez difficile de dire ; ce qu'on peut affirmer, c'est que ce chiffre serait certainement resté très-inférieur à celui auquel ils sont arrivés, et que leurs tarifs se seraient maintenus à une moyenne sensiblement supérieure.

Supposons qu'au lieu de 6 centimes 1/4, qui a été celle de 1864, cette moyenne eût été de 6 centimes 1/2, sur un trafic qui n'aurait peut-être pas dépassé 4 milliards en tonnes kilométriques, et certes c'est une hypothèse qu'on ne saurait taxer d'exagération ou d'invraisemblance. De cette différence de 1/4 de centime en plus, il serait résulté que le commerce aurait payé dix millions de plus pour les transports sur les chemins de fer en 1864 seulement.

Ainsi le maintien des péages sur les voies navigables aurait eu pour résultat probable, certain, — en premier lieu, — un amoindrissement notable du mouvement des transports sur les cours d'eau, et comme fait corrélatif, un développement beaucoup moindre du trafic des chemins de fer, double conséquence extrêmement regrettable au point de vue de la fortune publique ; — en second lieu, — de faire peser sur le commerce, pour les 1,500 millions de tonnes kilométriques transportées par la batellerie, la charge de l'impôt maintenu, c'est-à-dire plus que double de ce qu'il est depuis les réformes de 1860, ou pour 1,500 millions de tonnes, environ 5 millions de francs de plus que ces transports ne payent sous l'empire des droits en vigueur. Enfin, pour un trafic supposé de 4 milliards sur les chemins de fer, le maintien d'un tarif moyen de 6 centimes 1/2 au lieu de 6 centimes 1/4, par suite duquel le commerce et l'industrie paieraient dix millions en plus par année.

Les avantages que le pays a tirés des sacrifices faits par l'État, en reprenant possession des 307 kilomètres de canaux qu'il a rachetés, en désintéressant ce qui restait de porteurs d'actions de jouissance pour les canaux soumissionnés, enfin en réduisant, comme il l'a fait, les péages sur l'ensemble du réseau dont il est aujourd'hui propriétaire, se chiffrent donc par un total de plus de 15 millions, pour la seule année 1864, si nous supposons un trafic général ne dépassant pas 5 milliards de tonnes kilométriques seulement, tant sur les voies navigables que sur les chemins de fer, et de plus de 18 millions, en supposant, ce qui ne saurait être admissible, que le mouvement général des transports n'eût pas souffert du maintien des anciens droits de navigation et d'une moyenne de 6 centimes 1/2 pour les tarifs des chemins de fer, et que, malgré cette double condition défavorable, il eût atteint de même le chiffre de 6 milliards 800 millions auxquels il est arrivé.

Si on ne conteste pas cette influence qu'a eue la réduction des péages appliqués jusqu'en 1860, comment contesterait-on celle qu'aurait inévitablement dans des proportions égales la suppression totale des droits actuels ?

Que le Gouvernement renonce aux 4 millions 900 mille francs qu'il tire encore des cours d'eau, et non-seulement le fret baissant d'autant, la suppression profitera immédiatement aux intérêts publics, mais presqu'aussitôt aussi la moyenne des tarifs des chemins de fer diminuera dans la même proportion. Or, en prenant pour base le tonnage actuel de 4 milliards 700 millions, que cette moyenne de 6 centimes 1/4 descende à 6 centimes, et l'économie sera pour le public de 11,750,000 francs par an, qui, ajoutés aux 5 millions que produisent les droits de navigation, feront près de 17 millions, dont le commerce, l'industrie, l'agriculture se verront dégrevés presque du jour au lendemain.

Mais là ne se borneront pas les avantages de la suppression. Au lieu des 2 milliards 200 millions de tonnes auxquels la navigation est limitée depuis dix ans, sous l'impulsion donnée à la production, aux transports, par cette mesure libérale, le tonnage s'accroîtra incontestablement, et il est permis de compter qu'il pourra atteindre le chiffre de 3 milliards, comme sur les mêmes lignes de chemin de fer on peut prévoir, d'une manière presque certaine, qu'il arrivera en peu de temps jusqu'à 5 milliards et 5 milliards et demi.

Quelles objections peut-on opposer à la grande mesure économique qui produirait infailliblement de pareils résultats ? L'intérêt du Trésor ?

L'intérêt du Trésor ne saurait être opposé à l'intérêt public qui réclame l'affranchissement et l'amélioration des voies navigables.

Mais le Trésor a-t-il, en réalité, dans ces questions, un intérêt tellement distinct de celui du pays, ou le domine-t-il à ce point que pour conserver 5 millions de recettes, il puisse enlever au commerce, à l'agriculture, à l'industrie, le bénéfice de 20 millions d'économies annuelles sur les transports, arrêter jusqu'à l'essor de la production, en continuant à entraver le développement, si favorable à la fortune publique, de la concurrence entre les voies navigables et les voies ferrées.

Mais, dit-on, on veut des améliorations, on veut de grands travaux de perfectionnements, et on ne saurait exiger de l'État à la fois les sommes considérables nécessaires à leur exécution et le sacrifice des produits de la perception des droits sur les voies navigables, ainsi améliorées au prix de dépenses considérables.

A cela que de choses à répondre ! Les cours d'eau, voies publiques de transport, n'ont-elles pas un rôle assez considérable à remplir, au point de vue du développement de la production ou de la richesse du pays, pour qu'il n'y ait pas lieu d'exiger d'eux, plus que des routes et des chemins de fer, la rémunération des dépenses faites pour leur amélioration?

Avec la suppression des droits de navigation, avons-nous dit, on fera bénéficier les intérêts généraux d'économies sur les transports qu'on peut évaluer à une vingtaine de millions par an. Mais cette mesure ne saurait dispenser l'État de travaux qui produiront des résultats plus importants encore, au fur et à mesure qu'ils seront exécutés et qu'ils contribueront à réduire les prix de transport.

Le bas prix des transports ! Évidemment c'est là la considération capitale, et devant laquelle toute préoccupation relative à la conservation des 4 ou 5 millions que peuvent produire les droits doit s'effacer.

La force des choses le veut ainsi, cent faits le prouvent.

Qu'arriverait-il, par exemple, si l'État tentait de faire produire au canal de la Marne au Rhin la rémunération du capital de 80 millions qu'il a coûtés, sinon que le tonnage qui s'y est peu à peu développé, à la faveur du régime de la gratuité, et qui s'est élevé à environ 250,000 tonnes, disparaîtrait presqu'entièrement, sous l'influence de droits qui, pour subvenir à l'intérêt du capital dépensé et aux frais d'entretien, devraient être en moyenne de 5 à 6 centimes par tonne et par kilomètre ?

Et que serait-il advenu si, dès l'origine de l'exploitation du canal ouvert à la navigation, il y a dix ou onze ans, on avait perçu des péages s'élevant seulement à un centime, ou même à un demi-centime, en moyenne, par tonne et par kilomètre? Le trafic n'aurait certainement pas atteint le quart, le cinquième de son chiffre actuel.

Or, qui contestera que l'intérêt public a bien plus trouvé son compte au régime libéral qui a donné lieu aux transports à bas prix de 250,000 tonnes de marchandises de toute nature, dont partie n'aurait vraisemblablement pas été livrée à la consommation, si elles n'y avaient pas été sollicitée par ce bon marché du transport, qu'il ne l'eût trouvé dans la perception de droits qui auraient produit 100 ou 150,000 fr. au Trésor?

Qui contestera, en présence de ces faits, qu'en exploitant les cours d'eau qui lui appartiennent, comme un propriétaire ou un industriel, l'État agirait dans le sens le plus étranger, le plus opposé à l'intérêt public?

Qui contestera enfin que, dès que des péages, non pas élevés, mais seulement rémunératoires, dans une certaine mesure, constituent un obstacle quelconque au développement des transports, il importe de les réduire, quelles que soient d'ailleurs les conséquences de cette réduction pour le Trésor, qui a d'autres sources de revenus, précisément pour faire face aux dépenses d'utilité publique, et qui ne saurait prétendre maintenir, en dépit de l'intérêt général, un impôt restrictif de la circulation, et par suite de la production?

Ceci étant admis, il n'y a pas de raison pour s'arrêter dans les conséquences du principe qui en découle. Logiquement l'intérêt public étant en ces matières la considération dominante, et celle tirée des recettes du Trésor n'étant que très-

secondaire, il devient évident que si des péages de demi
centime et d'un quart de centime sont une entrave aux transports, il y a lieu de les supprimer.

L'État, objecte-t-on, ne peut livrer gratuitement à la circulation publique des voies qui exigent et qui exigeront encore
des dépenses aussi considérables !

Mais pour favoriser le développement des lignes de chemins
de fer, qui sont certainement des voies moins économiques,
par conséquent d'une nécessité moins grande souvent, que les
routes et les cours d'eau, l'État n'a-t-il pas dépensé un milliard, en rémunération duquel il ne perçoit aucun droit sur
les marchandises transportées par les compagnies en faveur
desquelles il s'est imposé ce sacrifice, qui s'élèvera à 14 ou
1500 millions pour l'ensemble des réseaux, sans compter les
engagements qu'il a pris pour la garantie d'une partie du
capital que représentent les obligations ?

Dès lors que vaut l'objection opposée à ceux qui réclament
la suppression des droits de navigation ?

La vérité est qu'il y a des services que l'État doit au pays
à titre gratuit et sans rémunération, quels que soient les
sacrifices qu'ils lui imposent ; que les canaux d'ailleurs, pas
plus que les routes, ne sont établis de ses deniers propres ;
que ses revenus se composent de l'impôt qu'il perçoit sur
toutes choses, sur les boissons, le sel, le fer, le charbon, le
bois, le tabac, etc., etc., de l'impôt foncier, de celui que
payent les mines et les usines, les exploitations agricoles et
forestières, de l'impôt des patentes, etc., etc., impôts de
toute sorte, dont les produits doivent avoir un emploi, et
qu'il ne perçoit que pour les rendre à ceux qui les payent,
c'est-à-dire, au pays, sous d'autres formes.

Une de ces formes les plus importantes, les plus essen-

tielles, c'est la viabilité, c'est l'extension, le perfectionnement, l'achèvement des moyens de communication : ce sont
les grands travaux d'assainissement et de fécondation des
contrées improductives, transformées au moyen de canaux ou
de navigation ou d'irrigation.

Ajoutons que la suppression des péages aura aussi immédiatement pour effet d'augmenter avec la richesse publique, la
masse des impôts directs et indirects, et que le Trésor public
sera par conséquent amplement dédommagé de l'abandon de
cet impôt restrictif de la circulation et par conséquent de la
production des choses qui, toutes, contribuent à alimenter
les sources du budget par les droits considérables qu'elles lui
payent.

Dès lors, en supposant que l'intérêt du Trésor pût être
invoqué contre le principe de la gratuité, contre l'intérêt
du pays, de l'industrie et du commerce, contre les puissants
résultats que produiraient le bon marché et le développement
des transports favorisés par la suppression de l'impôt qui les
grève et les entrave aujourd'hui, que vaut l'argument basé
sur cet intérêt, s'il n'existe pas en réalité ; si, comme cela ne
peut être douteux, l'affranchissement des voies navigables en
favorisant l'activité publique, notre force productive et la consommation générale, accroît en même temps les revenus pro-
venant des impôts indirects dans de telles proportions qu'elles
compenseront largement et au-delà les quelques millions que
l'État abandonnerait d'un autre côté en renonçant à la perception des droits de navigation, et en permettant à la concurrence de la batellerie de fonctionner activement et utilement à côté des chemins de fer ?

   Quant à ces derniers, leur intérêt aussi a été mis en avant, et on a prétendu que la suppression des droits de navigation pourrait leur porter préjudice. On a exprimé la crainte que cette mesure, en améliorant la situation de la batellerie, ne relève son tonnage aux dépens du tonnage des chemins de fer, et qu'il n'incombe par suite de plus lourdes charges à l'État qui a engagé sa garantie.

Nous n'insisterons pas sur la situation peu juste et peu rationnelle que ces appréhensions créeraient à la batellerie, si elles pouvaient prévaloir, au point d'être un obstacle sérieux à l'adoption des mesures nécessaires pour améliorer sa condition, qu'il s'agisse de l'affranchissement des voies navigables ou de travaux de perfectionnement.

Il est trop évident que, si par le fait même du concours qu'il a si largement donné aux chemins de fer, sous forme de subventions et de garantie, l'État, comme cela n'est pas douteux, a très-fortement contribué à amoindrir la concurrence de la batellerie, et à aggraver la crise que l'établissement des voies ferrées devait lui créer, il ne saurait en bonne justice opposer aux plaintes de celle-ci et à ses instances pour obtenir des compensations et des dégrèvements, les charges pouvant résulter pour lui de ce même concours.

Mais il n'y a même pas lieu d'envisager la question sous ce point de vue. La suppression des droits de navigation n'aura d'autre conséquence que de rétablir l'équilibre et de favoriser entre les deux modes de transport une répartition plus normale du mouvement qui leur convient.

En développant le transport des matières premières et des denrées qui ont avant tout besoin de bon marché, cette mesure développera en même temps la fabrication des marchandises auxquelles le chemin de fer convient mieux que la voie d'eau, plus économique mais plus lente, parce que leur

chemins de fer ne peut être davantage un obstacle à la suppression des péages qui ne leur porterait d'ailleurs aucun préjudice.

valeur intrinsèque étant plus élevée, le transport augmentera peu leur prix de revient proportionnellement, et que ce qui leur faut avant tout, c'est de la célérité. En outre, plus l'industrie sera active et prospère, plus la production manufacturière et agricole se développera, plus les transactions commerciales se multiplieront, plus le mouvement des voyageurs, plus les relations et les expéditions de toute nature prendront d'accroissement, au grand profit des compagnies.

Il ne saurait donc y avoir aucun doute sur le bien que produirait, et pour le pays et pour les chemins de fer eux-mêmes, la suppression des droits de navigation. Et il ne faut pas croire que ces vérités datent d'hier, ni qu'elles aient surgi comme de subites lumières de la situation nouvelle créée par les traités de commerce et la réforme des tarifs douaniers.

La suppression des droits de navigation reconnue nécessaire il y a plus de trente ans.

Il y a vingt-six ans qu'elles ont été proclamées dans la Chambre des Députés, et ce n'était pas pour la première fois, car la commission du budget ne faisait, en 1840, que reproduire des vœux déjà souvent formulés, en s'exprimant ainsi :

« Nous renouvelons le vœu déjà exprimé deux fois pour la « suppression des droits de navigation par les commissions de « finances, et nous disons avec la commission de 1838 :

« Au moment où, de toutes parts, de grands travaux « s'exécutent pour créer des voies de communication plus « économiques, pour abaisser le prix des transports, n'y a-« t-il pas une véritable contradiction à frapper d'une taxe « les transports par les fleuves et rivières, à rendre plus « coûteux l'usage des voies de communication que la nature « nous a départies?

« Avec la commission de 1839 : « Pour la plupart des ma-

« tières, telles que la houille et le fer, nos tarifs de douane
« se résolvent par la question des frais de transport. Il est
« d'une saine économie politique de les réduire à leur plus
« simple expression, et *les droits de navigation, en paraly-*
« *sant le mouvement industriel et commercial du pays, taris-*
« *sent une des principales branches du revenu public.* »

« La suppression du droit de navigation sur les rivières,
« sur laquelle nous appelons de nouveau l'attention du Gou-
« veenement, nous paraît se rattacher utilement aux négo-
« ciations suivies avec les Compagnies propriétaires de ca-
« naux, pour en obtenir l'abaissement des tarifs. »

Dès 1836, M. le comte Jaubert, rapporteur d'une loi relative à la réglementation des droits de navigation, avait conclu
dans ces termes :

« L'opinion de la Commission sur les droits de navigation
« a été bien formellement énoncée ; la Commission a dit en
« propres termes que les *droits de navigation constituent*
« *l'impôt le plus contraire à tous les principes d'une saine*
« *économie politique;* l'intérêt du Trésor peut seul détermi-
« ner la Chambre à maintenir une partie de ces droits *tem-*
« *porairement.* »

Et cette déclaration, loin de soulever la moindre opposition,
fut appuyée par tous les orateurs qui prirent part à la discus-
sion du projet de loi, par M. Larabit, notamment :

« Je rends justice, dit-il, aux intentions de la Commission
« qui, en s'attachant à régler les droits de navigation pro-
« portionnellement à la charge, s'est imposé en même temps
« l'obligation d'adoucir le droit sur presque toutes les riviè-
« res, et *tend évidemment à l'annulation future et peut-être*
« *prochaine de ce droit si contraire aux intérêts de l'État et*

« *aux intérêts de notre commerce intérieur…J'espère que nous*
« *arriverons bientôt à leur suppression totale.* »

Enfin à ces plaidoyers en faveur de l'abolition d'un impôt
que tout le monde s'accordait à considérer comme contraire
aux intérêts publics, le Ministère ne répondait que par une
complète approbation et déclarait, par l'organe de M. le comte
d'Argout, qu'il était dans l'intérêt du Gouvernement que *les
droits de navigation fussent successivement réduits, et que si
un jour on pouvait les faire disparaître tout à fait, ce serait
un grand avantage qu'on procurerait au pays.*

Voilà où en était la question il y a plus de trente ans !
Depuis cette époque, les chemins de fer sont venus trans-
former l'industrie des transports, ruiner la batellerie, compromettre sa concurrence, et ce qui est plus grave encore,
toute une révolution a été opérée dans nos tarifs douaniers,
de telle sorte que le bas prix des transports est devenu la
condition la plus essentielle, non-seulement de la prospérité
de nos industries, mais de leur existence... Et les droits de
navigation subsistent toujours ! Où en serions-nous si toutes
les questions qui intéressent les voies ferrées avaient mis le
même temps à faire leur chemin ?

Le temps presse pourtant. En définitive, depuis 1860, c'est
à peine si, en faisant entrer dans les éléments des péages actuels ceux appliqués encore sur les canaux concédés, la
moyenne des droits perçus, tant par l'État que par les Compagnies concessionnaires, a été réduite de 4 millimes, soit de
7 à 3 millimes, tandis que les tarifs des chemins de fer ont
été abaissés, dans la même période de temps, de près de 3/4
de centime. En outre, qu'on y prenne bien garde, cet abais-

sement est loin de donner la mesure des proportions que prend une concurrence favorisée par la création de nouvelles lignes qui, chaque année, sont livrées à la circulation, qui raccourcissent notablement les distances, et compliquent singulièrement la situation de la navigation, les difficultés avec lesquelles elle est aux prises, les périls qui la menacent de tous côtés.

Ainsi, nous sommes à la veille du jour où le chemin de fer d'Amiens à Rouen, ouvert et exploité, va réduire de plus d'un tiers la distance entre les principales villes du Nord, la frontière belge et Rouen. Devant cette perspective, lorsque les prix des transports par la voie ferrée subiront une réduction proportionnelle au raccourcissement du parcours, comment ne pas s'inquiéter de l'aggravation qui en résultera inévitablement pour la batellerie, et ne pas voir qu'elle est menacée de perdre les 80,000 ou 100,000 tonnes qu'elle transporte à peu près par année entre Rouen, le Nord et la Belgique ?... Et comment aussi le Gouvernement pourrait-il, dans de pareilles conjonctures, songer à maintenir des droits qui enlèveront à la marine sa dernière chance de salut?

Eh bien ! partout la situation est la même ; et lorsque, en réalité, elle ne résulte pas de la création même de nouvelles lignes, les Compagnies, au moyen des tarifs différentiels, arrivent à des résultats qui ne sont pour la navigation ni moins certains ni moins ruineux.

A un pareil état de choses nous ne connaissons qu'un remède : la suppression de cet impôt d'un autre temps, qui cause cent fois plus de mal à l'industrie des transports par eau qu'il ne rapporte au Trésor.

La suppression des droits de navigation ! C'est un juste Conclusion.

équilibre rétabli instantanément entre la navigation et les chemins de fer; c'est l'équitable compensation des faveurs accordées aux Compagnies; c'est le salut de la batellerie débarrassée des dernières entraves fiscales qui la compriment et la tuent; c'est pour les mariniers l'égalité devant l'impôt; c'est surtout l'abaissement du prix des transports, cette juste satisfaction due à notre production nationale engagée aujourd'hui dans une lutte si vive contre l'importation étrangère; c'est aussi une solution de ces graves, complexes et délicats problèmes nés des tarifs différentiels et le meilleur moyen de donner satisfaction à un grand nombre d'intérêts lésés par ces tarifs!

Ajoutons que ce sera aussi un puissant expédient pour avoir raison des résistances de Compagnies concessionnaires, telles que celles de la Sambre française et du canal de la Sambre à l'Oise.

La suppression des péages sur la ligne de Mons à Paris rendra celles-ci plus traitables, les forcera à entrer enfin dans la voie du progrès et des améliorations, à moins négliger l'entretien et l'alimentation des voies dont elles sont en possession, et qu'elles ont trop exploitées au point de vue exclusif de leur propre intérêt. Elles les obligera aussi à réduire des tarifs qui ne sont plus en rapport avec les modifications profondes qu'a subies l'industrie des transports, et qu'elles ont impitoyablement maintenues sans s'inquiéter de savoir si la batellerie est ou non en état de les supporter. Elle préparera le jour où l'État pourra saisir l'occasion de débarrasser le pays, à des conditions moins onéreuses, des derniers obstacles qu'opposent encore au bon marché des transports et à la prospérité publique ces intérêts qui sont si essentiellement contraires à l'intérêt général.

Sur toutes nos lignes de navigation, enfin, la suppression des péages sera un soulagement immédiat apporté à l'extrême détresse de la batellerie, une atténuation notable des charges qui la grèvent, atténuation dont les intérêts généraux ne sont pas, moins qu'elle, appelés à profiter.

Affranchie de l'impôt auquel, seules, par la plus regrettable exception, nos voies navigables sont restées soumises, l'industrie des transports par eau pourra attendre l'exécution des travaux qui, successivement, viendront améliorer encore sa situation et l'affermir, en lui permettant de concourir d'une manière plus sérieuse et plus utile au développement de la fortune publique.

Ainsi dégrevée et perfectionnée, notre navigation intérieure aura, à côté des chemins de fer, un rôle non moins important à remplir.

Le Secrétaire de la Chambre syndicale de la marine (navigation intérieure).

L. D'ARTOIS.

A. — *TABLEAU comparatif du tonnage kilométrique sur les cours d'eau imposés par l'État en 1859, avant les réductions apportées dans les droits de navigation par le décret du 22 août 1860, et de 1861 à 1864, après ledit décret.*

	1859	1861	1862	1863	1864
	Tonnes	Tonnes	Tonnes	Tonnes	Tonnes
Rivières.	636,228,000	629,257,000	676,070,000	673,427,000	671,208,000
Cours d'eau des bassins de l'Aa et de l'Escaut.	146,275,000	156,182,000	160,910,000	164,011,000	174,740,000
Canaux.	518,160,000	628,400,000	716,581,000	757,229,000	736,460,000
Marchandises. .	(1) 13,000,663,000	1,413,839,000	1,554,461,000	1,594,667,000	1,582,408,000
Flottage et trains (à raison d'une demi-tonne par stère.)	172,690,000	205,693,000	189,368,600	173,530,000	153,888,000
Total général . .	1,473,353,000	1,619,532,000	1,743,829,000	1,770,217,000	1,736,296,000

OBSERVATIONS.

Le tableau ci-dessus comprend : rivières navigables......................	6,898	kilom.
— flottables seulement	1,433	—
Cours d'eau des bassins de l'Aa et de l'Escaut........................	408	—
Canaux..	2,676	—
Total.........	11,415	—

imposés par l'État, dont ,982 kilom. seulement navigables.

Le tableau ne comprend pas les canaux d'Aire à la Bassée, de la Sensée, de Briare, du Loing, d'Orléans et de Roanne à Digoin, — ensemble 307 kilomètres, — rachetés en exécution du décret du 22 août 1860.

L'administration des Contributions indirectes et des Douanes n'ayant commencé à porter ces canaux dans ses relevés du tonnage des cours d'eau, imposés par elle, que vers le milieu de 1863, on a dû, pour que la comparaison fût possible entre les cinq années qui figurent au tableau ci-dessus, déduire ledit tonnage, tant du trafic général de 1863 que de celui de 1864. Il résulte des relevés de l'administration que le tonnage de ces 307 kilom. de canaux s'est élevé en nombres ronds à 81,177,000 tonnes kilométriques, en 1864.

Les céréales, farines et autres denrées alimentaires qui ont circulé en franchise de droits en 1859, 1861 et 1862, sont comprises dans le tonnage desdites années.

(1) Les relevés des Contributions indirectes et des Douanes accusent seulement, en 1859, 1,163,517,000 tonnes de marchandises, y compris 102,277,000 tonnes de céréales ayant circulé en franchise. La différence que présente ce chiffre avec celui de 1,300,663,000 tonnes provient de ce que sur l'Oise canalisée, le canal latéral à l'Oise, les droits, jusqu'au décret de 1860, se percevaient par barrage, et qu'en conséquence, jusqu'à cette même époque, le tonnage de ces deux cours d'eau, compris dans les relevés, est seulement multiplié par les barrages, au nombre de dix, au lieu d'être multiplié par 135 kilom., longueur du parcours. D'où il résulte que ce tonnage, qui n'est porté que pour 17,318,000 tonnes dans les relevés de l'administration, a été réellement, en 1859, de 137,146,000, chiffre qui résulte des constatations des ponts et chaussées, et pour lequel nous l'avons compris dans le trafic général de ladite année.

B. — *TABLEAU comparatif du tonnage sur les cours d'eau imposés au profit du Trésor, à dix ans d'intervalle.* — (Les 307 kilomètres de canaux rachetés seulement en 1863, ne sont pas compris dans les chiffres de 1864).

COURS D'EAU IMPOSÉS PAR L'ÉTAT	TONNAGE KILOMÉTRIQUE EN		OBSERVATIONS.
	1855	1864	
	Tonnes	Tonnes	
Rivières	830,742,000	671,208,000	Même observation que pour le tableau A, en ce qui concerne le canal latéral à l'Oise et l'Oise canalisée, dont le trafic porté dans les relevés de l'Administration des douanes et des Contributions indirectes de 1855, pour 15 millions, était réellement de 173,191,000 tonnes, d'après les constatations des Ponts-et-chaussées, dont on a cru devoir adopter les chiffres pour toute la ligne de Mons à Paris, comme étant, pour la comparaison qu'on s'est proposé d'établir dans ce tableau, plus exacts que ceux de l'administration des Douanes et des Contributions indirectes qui comprennent, en 1855, le tonnage des bateaux vides, alors soumis à un droit.
Cours d'eau des bassins de l'Aa et de l'Escaut	138,662,000	174,740,000	
Canaux.	605,704,000	736,460,000	
Marchandises . .	1,575,105,000	1,582,408,000	Le tonnage des bateaux à vide a été en outre déduit du chiffre des relevés de l'administration, en ce qui concerne les cours d'eau des bassins de l'Aa et de l'Escaut, pour 1855.
Flottage à raison d'une demi-tonne par stère	157,274,000	153,888,000	. Ont été compris dans le tonnage de la même année 82 millions de tonnes de céréales qui ont circulé en franchise, et sur lesquelles les droits ont été constatés et non perçus.
Total général . .	1,732,379,000	1,736,296,000	

 www.ingramcontent.com/pod-product-compliance
Ingram Content Group UK Ltd.
Pitfield, Milton Keynes, MK11 3LW, UK
UKHW022129070726
13613UKWH00003B/1301